_____ 님께

사랑스러운 Jo와 함께할 30일을

소중한 기억으로 만들어 보세요.

Dear My Jo

영어를 읽는 ✕ 작은 아씨들
30일

해설

Liter Stella

한때 사랑했던 그 이야기로
영어, 다시 시작해 보세요.

어렸을 때 밖에서 정신없이 놀다가도 TV 앞으로 모이게 했던 친구들이 있습니다. '나만 저런 생각을 하는 게 아니구나' 두근거리게 했던 빨강 머리 앤의 '앤 셜리', 지칠 때마다 보면서 힘을 얻었던 작은 아씨들의 '네 자매'들이었죠.

이렇게 전 세계 사람들을 매료시키는 작품들을 작가가 쓴 원문 그대로 읽어 보는 건 어떨까요? 우리가 애니메이션이나 우리말로 번역된 책에서는 한 번도 만나지 못한 작가의 의도와 감동 포인트들을 많이 만날 수 있습니다.

원서라 어렵다고 지레 겁먹을 필요는 없습니다.
첫째, 우리는 이미 이 이야기를 다 알고 있기 때문이죠. 주인공도 어릴 적 절친이고요. 게다가 공부 부담은 덜고, 감동을 고스란히 전달하기 위해서 '리터스텔라'가 영어 선생님이 아닌 도슨트가 되었습니다. 시대 상황, 문화, 캐릭터 설명 등 흥미로운 이야기들을 담아 영어보다는 문학에 집중할 수 있게 했습니다.

둘째, 원서의 부담을 줄이면서 작품을 그대로 읽을 수 있도록 전체 작품에서 중요한 30장면만 골라 담았습니다. 마치 드라마나 영화의 주요 장면만 모아 놓은 유튜브 영상처럼요. 장면과 장면 사이는 줄거리로 잘 요약했으니 흐름과 재미를 모두 놓치지 않을 거예요.

딱 30일만 매일 만나 볼까요.

목표는 오로지 '30일 동안 꾸준히'입니다. 영어 원문이 어렵다면 한글 해석을 먼저 봐도 되고, 단어를 미리 살펴봐도 좋습니다. 해설을 보고 영어 원문을 보면 더 편하고 풍부하게 이해할 수도 있을 거예요.

작품 속 인물들은 나에게 이렇게 하라 저렇게 하라 말하지 않습니다. 그저 작품 속에서 자신의 삶을 펼쳐 보일 뿐입니다. 읽다 보면 어느 순간 그들의 삶 속에 내가 깊이 들어가 있음을 발견하게 되고, 그 안에서 발견한 감동과 삶의 지혜는 읽어 본 사람들만이 맛볼 수 있는 달콤한 선물입니다.

퇴근 후 잠시 휴대폰을 내려놓고 작품 속 인물들과 온전히 만나는 시간을 가져 보세요.

2024년 봄,

리터스텔라

방대한 작품 다 읽기가 아니라 30일 분량으로 매일 30분씩 도전해서 한 권을 끝낼 수 있는 건 영어 원서 읽기를 시도하려는 모두에게 기발한 접근이 될 수 있을 거 같아요. 저는 한글과 영어가 나눠져 있어서 한쪽만 읽어 가는 것도 재미있었어요. 틈틈이 나오는 귀여운 삽화도 매력 포인트입니다. 스텔라 쌤의 친절한 강의는 꼭 챙겨 들어 보세요. 책에 미처 담지 못한 재미있는 설명이 가득합니다. 여러분도 그냥 시작하세요^^ 특히 영어 초보라고 생각한다면 해석이 아니라 맥락을 이해하는 이 책을 강추합니다. 조금씩 천천히 매일 하는 힘의 위대함을 느끼실 수 있을 겁니다!

happystar429 님

100년 넘게 사랑받아 온 고전은 그 자체로 특별한 매력과 힘을 지니고 있어요. 이야기가 주는 깊은 울림 때문에 영어 고전을 통해 영어를 배우는 것은 삶에도 긍정적인 변화를 가져올 수 있죠. 이렇게 멋진 여정을 시작하기에 '영어를 읽는 30일'보다 더 좋은 책은 없어요. 이 책은 단지 유명한 소설을 번역해 주는 것을 넘어서, 여러분이 내용을 더 깊이 이해할 수 있도록 도와주는 매력적인 기능으로 가득 차 있습니다. 영어 실력을 키우는 것은 물론, 문학의 깊이를 제대로 경험하고 싶다면 이 책을 선택하는 것을 망설이지 마세요.

쁘린스월드 님

처음에는 영어 공부를 위해서 듣기 시작했지만 점점 세상을 따뜻하게 이해하는 새로운 방식을 배우는 인문학 수업 같습니다. 작품에 나타나는 미국 문화에 대한 앎과 작품에 대한 깊이 있는 이해를 선물합니다. 게다가 스텔라 선생님의 원서 강독에 기반한 번역은 원서의 직독직해를 더 자연스럽게 할 수 있도록 도와줍니다. 부담스럽지 않은 양으로 스텔라 선생님의 따뜻한 강독을 맛볼 수 있는 너무 좋은 이 책을 많은 분들께 추천하고 싶습니다.

정은주 님

혼자서 영어 공부를 하는 것은 정말 쉬운 일이 아닙니다. 그래서 우리 모두 계속 영어를 공부하고 있는 거겠죠? 원서 읽기는 특히 부담을 느끼는 분들이 많은 것 같아요. 하지만 리터스텔라 선생님과 함께라면 걱정을 덜어 놓으셔도 됩니다. 만만한 분량과 차근차근 이끌어 주는 선생님의 목소리를 따라가다 보면 어느새 영어를 즐기고 있는 저를 발견하게 되니까요.

김리선 님

Table of Contents

QR코드를 찍으면 원어민이 오늘 배울 원문을 정확하게 읽어 주고 리터스텔라 선생님이 영어 표현과 해석을 알려 줍니다. 이어지는 해설 부분과 주요 장면은 색으로 표시했습니다.

작품을 깊이 이해할 수 있도록 리터스텔라 선생님이 도슨트가 되어 해설을 해 줍니다. 시대 배경과 캐릭터 묘사, 복선과 상징적 의미를 집중해서 다루었습니다.

▷▷

30장면 사이에 이어지는 줄거리를 우리말로 요약하여 보여 줍니다. 이 부분만 챙겨 읽어도 작품의 흐름을 놓치지 않을 거예요.

Day 01

순례자 놀이

《작은 아씨들》의 시작 장면입니다. 네 자매가 크리스마스를 앞두고 선물에 대한 얘기를 나누고 있습니다. 즐거운 얘기로도 시간이 부족할 때이지만 미국의 남북전쟁 시기이다 보니 그렇지는 않네요. 무슨 얘기를 나누는지 같이 살펴볼까요?

"선물이 없는 크리스마스는 크리스마스 같지 않을 거야." 조가 카펫에 누워 투덜거렸다.

"가난하게 사는 건 정말 싫어!" 메그가 자신의 낡은 드레스를 내려다보며 한숨을 내쉬었다.

"어떤 여자애들은 온갖 예쁜 물건을 다 가지고 있고, 어떤 여자애들은 아무것도 못 갖는 건 참 불공평한 거 같아." 에이미가 속상한 목소리로 코를 훌쩍이며 거들었다.

"그래도 우리에겐 아빠와 엄마, 그리고 서로가 있잖아." 구석에 있던 베스가 만족스러운 목소리로 말했다.

기운이 나는 베스의 말에 벽난로 불빛이 비친 네 소녀의 앳된 얼굴이 밝아졌지만, "우린 지금 아빠가 안 계시고, 앞으로도 오랫동안 안 계실 거야."라는 조의 슬픈 말에 이내 다시 어두워졌다. 조가 '어쩌면 영원히'라고 말하지는 않았지만, 저 멀리 전쟁터에 있는 아빠를 생각하며 각자 마음속으로 그 말을 덧붙였다.

모두 잠시 말이 없었다. 메그가 분위기를 바꾸며 말했다. "엄마가 이번 크리스마스에는 선물을 주고받지 말자고 하신 이유를 다들

Playing Pilgrims

grumble 투덜거리다 dreadful 몹시 불쾌한 contentedly 만족스럽게
altered 바뀐 regretfully 유감스러운 듯 do good 도움이 되다 bookworm 책벌레
hearth 벽난로 decidedly 단호히

"Christmas won't be Christmas without any presents." grumbled Jo, lying on the rug.

"It's so dreadful to be poor!" sighed Meg, looking down at her old dress.

"I don't think it's fair for some girls to have plenty of pretty things, and other girls nothing at all." added little Amy, with an injured sniff.

"We've got Father and Mother, and each other." said Beth contentedly from her corner.

The four young faces on which the firelight shone brightened at the cheerful words, but darkened again as Jo said sadly, "We haven't got Father, and shall not have him for a long time." She didn't say 'perhaps never,' but each silently added it, thinking of Father far away, where the fighting was.

Nobody spoke for a minute; then Meg said in an altered tone, "You know the reason Mother proposed not having

알잖니. 모두에게 힘든 겨울이 될 테니까. 엄마는 우리가 즐기느라 돈을 쓰면 안 된다고 생각하셔. 남자들은 군대에서 고생하고 있으니 말이야. 우리가 할 수 있는 일은 많지 않지만 소소한 희생은 할 수 있잖아. 기쁘게 받아들여야 해. 물론 나도 그게 힘들긴 해."

메그는 자신이 원하는 모든 예쁜 것들을 떠올리면서 아쉬운 듯 고개를 저었다.

"그런데 우리가 그렇게 쥐꼬리만큼 아껴 봤자 하나도 도움이 안 될 것 같아. 겨우 1달러씩 모아 봤자 군대에 무슨 도움이 되겠어. 엄마나 언니나 동생들에게서는 선물을 바라지 않는 게 맞는 거 같지만, 난 내 선물로《운디네와 신트람》은 사고 싶어. 오래전부터 갖고 싶었단 말야." 책벌레인 조가 말했다.

"나는 새 악보를 사려고 했어." 베스가 나지막이 한숨을 내쉬며 말했다. 하지만 벽난로용 청소솔과 주전자 손잡이 행주 말고는 아무도 듣지 못할 정도로 작은 목소리였다.

"나는 파버(Faber)에서 나온 미술 연필을 한 상자 살래. 꼭 필요해." 에이미가 힘주어 말했다.

any presents this Christmas was because it is going to be a hard winter for everyone; and she thinks we ought not to spend money for pleasure, when our men are suffering so in the army. We can't do much, but we can make our little sacrifices, and ought to do it gladly. But I am afraid I don't."

And Meg shook her head, as she thought regretfully of all the pretty things she wanted.

"But I don't think the little we should spend would do any good. We've each got a dollar, and the army wouldn't be much helped by our giving that. I agree not to expect anything from Mother or you, but I do want to buy Undine and Sintram for myself. I've wanted it so long," said Jo, who was a bookworm.

"I planned to spend mine in new music," said Beth, with a little sigh, which no one heard but the hearth brush and kettle-holder.

"I shall get a nice box of Faber's drawing pencils; I really need them," said Amy decidedly.

😊 '설날' 하면 제일 먼저 떠오르는 것 중 하나가 '세뱃돈'이죠? 서양에서는 '크리스마스 선물'이 그런 의미입니다. 몇 달 전부터 가족들을 위해 준비할 선물 목록을 만들고, 자신은 뭘 받고 싶은지 생각하기도 하죠. 그렇게나 기다려지는 크리스마스인데, March 자매들은 왜 선물 없는 크리스마스라며 기운 빠져 할까요?

이 작품의 시대적 배경은 미국 남북전쟁 시기입니다. 이들의 아버지도 전쟁터에 있어서 이번 크리스마스를 함께 보낼 수 없는 상황이죠. 하지만 아이들은 아이들인지라 귀여운 푸념을 늘어놓지요. 그런데 푸념을 하는 모습이 제각각입니다.

작품의 첫 장면은 작가가 공을 많이 들이는 부분입니다. 《작은 아씨들》의 작가는 아이들의 대화로 이야기를 시작하고 있는데, 독자들은 이 첫 대화에서 생각보다 많은 단서를 발견할 수 있습니다. 대화를 통해 네 주인공의 캐릭터를 자연스럽게 드러내고 있거든요.

이야기는 둘째 Jo의 투덜거림으로 시작되는데, 이때 Jo는 카펫에 누워서 말을 하고 있는 것으로 묘사돼요. 지금이야 '그게 뭐 어때서?'라고 생각할 수 있지만, 작품의 배경이 1860년대라는 것을 생각하면 느낌이 조금 달라집니다. 그때는 '여자다움'이라는 기준이 있던 시절이니까요. 다소곳이 앉아 있지 않고 카펫에 누워 있는 행동을 통해 작가는 시대의 기준에 부합하지 않는, 소위 '여성스럽지 않은' Jo의 모습을 보여 주고 있습니다. 이후로도 Jo는 작품 곳곳에서 털털하고 자유분방한 모습으로 독자들을 사로잡습니다.

Meg는 "가난하게 사는 건 정말 싫어!"라고 말하면서 어디를 쳐다보나요? 바로 자신의 낡은 드레스를 봅니다. '아… 예쁜 새 드레스가 있었으면 좋겠다!'라는 마음의 표현이지요. 예쁜 것을 좋아하고 드레스나 장신구를 사는 것에서 기쁨을 느끼는 Meg인데, 그런 자신을 절제하면서 성숙해 가는 모습이 펼쳐집니다.

Amy는 어떤가요? "어떤 여자애들은 온갖 예쁜 물건을 다 가지고 있고, 어떤 여자애들은 아무것도 없고!" 하면서 자기 연민에 빠져 있는 듯한 모습인데, 단순히 이번 크리스마스에 아무것도 사지 못해서 아쉬운 게 아니라 좀 더 넓은 의미에서 허탈해합니다. 이 대사는 야망이 큰 캐릭터인 Amy를 잘 보여 주지요.

이들의 불만을 한마디로 잠재우는 사람은 제일 큰 언니도, 둘째 언니도 아닌 바로 셋째, Beth입니다. 가족이 함께 있다는 사실만으로 만족하는 Beth는 십 대 소녀이지만 물질적인 것에 욕심이 없고 나이에 비해 성숙하고 현명한 모습입니다.

이렇게 자세히 들여다보니 각기 다른 매력을 가진 네 자매가 앞으로 만들어 갈 이야기가 기대되지요? 작품의 네 주인공인 March 자매들은 작가의 실제 가족들을 모델로 삼았다고 하는데요, 그중 Jo가 작가 자신을 많이 닮았다고 합니다.

책에서 첫 장의 제목은 'Playing Pilgrims'입니다. '순례자 놀이'쯤 으로 번역이 되는데요, 이 제목에도 작은 의미가 숨겨져 있습니다. 작가인 Louisa May Alcott(루이자 메이 올콧)은 이 책을 쓸 때 여러

역경을 극복하면서 마침내 천국에 이른다는 내용을 담은 John Bunyan(존 번연)의 《Pilgrim's Progress(천로역정)》라는 작품에서 많은 영감을 얻었다고 합니다. 책의 맨 첫 장에 《천로역정》의 서문도 실려 있죠. 《천로역정》과의 연관성은 2권보다 1권에 잘 드러나는데요, 자매들이 자신이 지닌 약점과 그로 인해서 짓게 되는 죄들을 반성하고 그 약점을 극복하면서 마침내 천상낙원에 이를 수 있는 사람이 되려고 노력하는 과정은 《천로역정》의 주인공이 겪는 과정과 비슷합니다.

크리스마스를 어떻게 보낼지 얘기하던 중 엄마는 자매들이 어렸을 때 무거운 짐을 메고 지하에서 옥탑까지 올라가는 놀이를 좋아했다는 이야기를 합니다. 아이들이 무거운 배낭을 메고 계단을 끝까지 오르는 과정을 어려움을 극복하고 마침내 천상에 이르는 순례자에 비유한 것이지요. 그런데 이런 놀이를 하곤 했다는 이야기는 단순히 추억을 회상하는 것 이상의 의미를 지닙니다. 놀이에 대한 회상과 더불어 아버지가 보내온 편지를 읽고 가족들은 여러 가지로 힘든 상황에 놓여 있지만 아버지가 돌아오실 때까지 이 시기를 잘 보내겠다고 다짐합니다. 그리고 그 여정에서 가장 든든한 버팀목이 되어 주는 사람은 엄마입니다. 지금 눈앞에 놓인 일 년을 넘어서, 진정한 숙녀, 'little women'이 되는 모습을 순례자가 천상낙원에 이르는 모습에 빗대어서 펼쳐 보인 것이죠.

이렇게만 보면 '너무 교훈적인 이야기 아니야?', 혹은 '고리타분한 이야기 아니야?'라고 생각할지도 모르겠습니다. 하지만 이 작품이

100년 넘도록 읽히는 이유가 무엇일지 생각해 보면, 그때나 지금이나 시대와 상황만 조금 다를 뿐, 사람이 살아가면서 하는 고민은 비슷하기 때문이 아닐까요? 완벽한 모습으로 출발하는 게 아니라 조금이라도 더 나은 모습으로 살기 위해 노력하는 것, 우리 모두는 약점이 있으므로 타인의 약점에도 관대해지려고 노력하는 것, 그것이 바로 우리의 삶이겠죠. 작가는 그 과정을 재미있는 에피소드들을 통해서 생생히 그려 내고 있습니다. 그리고 '순례자'라는 단어가 그리 거창한 단어가 아님을, 여러 사람과 얽혀 살면서 다양한 일상의 이야기들을 만들어 내고, 부딪치고, 갈등하고, 해결해 나가는 모든 과정이 '순례'의 과정임을 알게 해 줍니다. 앞으로 이들은 어떤 삶의 이야기들을 엮어 나갈까요?

*Write a favorite sentence

네 자매 Meg, Jo, Beth, Amy는 아버지를 생각하면서 크리스마스에 엄마에게 어떤 선물을 할지 얘기를 나눈다.

첫째 Meg는 열여섯 살로, 눈이 크고 예쁜 입매에 풍성한 갈색 머리카락을 지녔고 통통하고 피부가 흰 소녀이다. 하얀 손을 스스로 자랑스럽게 여긴다. 열다섯 살인 Jo는 키가 크고 말랐으며, 까무잡잡한 피부에 입매가 야무지고 날카로운 회색 눈동자를 지녔다. 외모에서 가장 예쁜 부분을 꼽으라면 길고 풍성한 머리카락인데, 그마저도 머리를 돌돌 말아 망에 넣어 다닌다. 셋째 Beth는 장밋빛 볼에 매끄러운 머릿결과 빛나는 눈동자를 가진 열세 살 소녀다. 수줍음이 많고 목소리가 작지만 늘 평온한 표정이다. 막내 Amy는 자신이 나이는 제일 어리지만 가장 중요한 사람이라고 생각한다. 파란 눈동자와 어깨까지 오는 곱슬한 금발, 창백한 피부와 호리호리한 몸매를 지녔으며, 늘 '숙녀다운' 태도를 지니려고 한다.

네 자매는 엄마에게 드릴 크리스마스 선물로 실내화, 손수건, 향수, 장갑을 각자 준비하기로 하고, 집안 전통처럼 하는 크리스마스 연극 연습을 한다. 연극의 대본은 소설가를 꿈꾸는 둘째 Jo의 작품이다. 그렇게 웃으면서 연습을 하던 중 엄마가 돌아오시고 함께 저녁을 차린다. 엄마는 식탁에서 기쁜 소식이 있다고 그녀들에게 알리는데, 기쁜 소식은 바로 전쟁에 나간 아빠에게서 온 편지이다.

아빠는 성장을 방해하는 내면의 적과 싸우는 것은 힘든 일이지만 용감하게 싸워 이겨서 자신이 집으로 돌아갔을 때쯤엔 한층 더 멋지게 자란 딸들의 모습을 기대한다고 격려한다. 멀리 전쟁터에 가 있는 아빠에 대한 걱정, 그리고 그런 아빠를 실망시켜 드리지 않겠다는 다짐으로 어려서 즐겨 했던 순례자 놀이를 한다. 바느질도 투덜대지 않고 즐거운 마음으로 하고, Beth의 피아노에 맞춰 노래를 부르며 저녁 시간을 행복하게 마무리한다.

크리스마스 당일 아침, 자매들은 엄마가 말한 선물이 있는지 베개 밑에 손을 넣어 본다. 베개 밑에는 엄마가 말한 지침서가 들어 있었는데, 표지는 각자의 개성과 어울리는 색이었다. 엄마는 아침 일찍 도움을 청하러 온 사람들에게 무엇이 필요한지 알아보러 가셨고, 자매들은 엄마가 돌아오시기 전까지 엄마에게 드릴 선물을 준비하고 식사 준비도 한다.

Day 02

메리 크리스마스

크리스마스 아침,
도움이 절실한 집이 있음을 알게 되어 음식을 나누러 가는
마치 가족의 모습을 만나 볼까요?

"메리 크리스마스, 엄마! 책 선물 고맙습니다. 벌써 조금 읽었어요. 매일 조금씩 읽으려고 해요." 자매들이 한목소리로 외쳤다.

"우리 딸들도 메리 크리스마스! 이미 읽기 시작했다니 너무 기쁘구나. 앞으로도 꾸준히 읽으렴. 그런데 자리에 앉기 전에 할 말이 있단다. 우리 집에서 멀지 않은 곳에 사는 형편이 어려운 여자가 아기를 낳았어. 여섯 아이가 한 침대에서 추위를 견디려고 바짝 붙어서 모여 있대. 불을 피울 형편이 아니라서 말이야. 먹을 것도 없대. 그 집 큰아들이 와서 너무 배가 고프고 추워서 힘들다고 하더구나. 얘들아, 우리가 그 아이들에게 크리스마스 선물로 우리 아침 식사를 주면 어떨까?"

자매들은 거의 1시간이나 기다렸기 때문에 평소보다 더 배가 고팠기에 잠시 아무도 말이 없었으나, 곧 조가 황급히 대답했다. "우리가 아침을 먹기 전에 엄마가 오셔서 너무 다행이에요!"

"가여운 아이들에게 이것저것 챙겨가는 것을 도와드려도 될까요?" 베스가 간절한 목소리로 물었다.

A Merry Christmas

huddle (춥거나 무서워서) 몸을 움츠리다 impetuously 충동적으로
heroically 늠름하게 buckwheat 메밀빵 procession 행렬 set out 출발하다
queer 기묘한 ragged 다 해진 wail 울부짖다 cuddle 서로 껴안다

"Merry Christmas, Marmee! Many of them! Thank you for our books. We read some, and mean to every day," they all cried in chorus.

"Merry Christmas, little daughters! I'm glad you began at once, and hope you will keep on. But I want to say one word before we sit down. Not far away from here lies a poor woman with a little newborn baby. Six children are huddled into one bed to keep from freezing, for they have no fire. There is nothing to eat over there, and the oldest boy came to tell me they were suffering hunger and cold. My girls, will you give them your breakfast as a Christmas present?"

They were all unusually hungry, having waited nearly an hour, and for a minute no one spoke, only a minute, for Jo exclaimed impetuously, "I'm so glad you came before we began!"

"May I go and help carry the things to the poor little

"저는 크림이랑 머핀을 가져갈게요!" 자기가 제일 좋아하는 음식을 포기하기로 한 에이미가 의기양양하게 말했다.

메그는 이미 메밀빵을 싸서 큰 접시에 담고 있었다.

"너희들이 그렇게 할 줄 알았어." 엄마가 만족스러운 미소를 지으며 대답했다. "함께 가서 엄마를 도와주렴. 돌아와서 빵이랑 우유로 아침을 먹고 대신 저녁을 잘 먹자꾸나."

모두 빠르게 준비해서 줄지어 집을 나섰다. 다행히 이른 시간이었고, 뒷골목을 통해 갔기 때문에 평소답지 않은 특이한 그들의 행렬을 보며 웃는 사람은 거의 없었다.

가난하고 헐벗은, 참으로 비참한 방이었다. 창문은 깨졌고, 추위를 막아 줄 불도 없었다. 이불은 다 해져 누더기였다. 아픈 엄마와 우는 아기, 창백한 얼굴에 굶주린 아이들이 체온을 유지하려고 이불 하나에 바짝 모여들 있었다.

children?" asked Beth eagerly.

"I shall take the cream and the muffins," added Amy, heroically giving up the article she most liked.

Meg was already covering the buckwheats, and piling the bread into one big plate.

"I thought you'd do it," said Mrs. March, smiling as if satisfied. "You shall all go and help me, and when we come back we will have bread and milk for breakfast, and make it up at dinnertime."

They were soon ready, and the procession set out. Fortunately it was early, and they went through back streets, so few people saw them, and no one laughed at the queer party.

A poor, bare, miserable room it was, with broken windows, no fire, ragged bedclothes, a sick mother, wailing baby, and a group of pale, hungry children cuddled under one old quilt, trying to keep warm.

💬 "크리스마스 하면 떠오르는 소설은?"이라고 묻는다면 아마 Charles Dickens(찰스 디킨스)의 《Christmas Carol(크리스마스 캐럴)》을 떠올리는 분들이 많을 겁니다. 주인공인 Scrooge 영감은 욕심 많은 구두쇠인데, 기부를 부탁하러 찾아온 사람들을 그 명성(?)에 걸맞게 매몰차게 빈손으로 돌려보내죠. 그런데 March 자매의 집에도 크리스마스에 어려운 이웃이 찾아오게 됩니다. 과연 《작은 아씨들》의 네 자매들은 어떻게 했을까요?

이번 장면은 크리스마스 아침에 일어난 일입니다. 자매들의 엄마는 급히 도움을 청하는 사람들을 만나러 다녀와서 아기를 낳은 산모와 아이들이 배고픔과 추위에 떨고 있더라고 말을 합니다. 그러면서 엄마는 딸들에게 "Will you give them your breakfast as a Christmas Present?(그 아이들에게 크리스마스 선물로 우리 아침 식사를 주면 어떨까?)"라고 묻습니다. 딸들은 가여운 이웃을 돕자는 엄마의 제안에 기꺼이 응하고, 자신들이 먹으려고 차렸던 음식들을 전부 챙겨서 Hummel 가족에게로 향합니다.

단순히 크리스마스 아침에 도움을 청하는 사람에게 음식을 나눈 일이라고 볼 수도 있지만, 앞서 작가가 영감을 받은 책이 《천로역정》이라는 것을 다시 떠올려 볼까요? 이 일화는 성경에서 자주 강조하는 '이웃 사랑'의 구체적인 모습을 그리고 있습니다. 성경에는 '네 이웃을 네 몸과 같이 사랑하라.', '너희가 여기 있는 형제 중에 가장 작은 이들 가운데 한 사람에게 해 준 것이 바로 나에게 해 준 것이다.'라는 구절이 있습니다. 이것을 생활 속에서 어떻게 실천하며 살아갈 수 있을지 보여 주는 장면이지요.

이 감동적인 장면은 작가의 실제 경험에 바탕을 두고 있습니다. 작가의 어머니인 Abba Alcott(아바 올콧)은 자신들도 넉넉하지 않은 상황일 때도 자신들보다 더 어려운 가족들을 살피기를 게을리하지 않았다고 합니다. 작가의 가족들이 New Hampshire (뉴햄프셔)주의 Walpole(월폴)에 살 때 근처 돼지 농장에 사는 Halls 가족을 알게 되었는데, 아바 올콧은 그 가족들을 헌신적으로 돌보았다고 합니다. 한 일화로 Halls 가족이 들어오기 전까지 돼지를 키우던 저장고가 있었는데, 보다 못한 아바 올콧이 법적 대응을 하겠다고 강력히 항의하자 농장 주인이 그제야 창고를 청소했다는 일화가 있습니다. 그리고 이 Halls 가족은 훗날 작품 속 Hummel 가족의 모델이 되었습니다.

이제 십 대인 아이들이 자신들도 풍족하지 못한 상황에서 눈앞에 놓인 맛있는 음식을 포기하기란 쉽지 않았을 겁니다. 하지만 아빠가 돌아오실 때까지 'little women(작은 숙녀들)'이 되겠다고 결심한 자매들입니다. 그리고 그 명칭에 걸맞은 사람이 되려면 외적으로 드러나는 몸가짐이나 차림새도 중요하지만, 시련을 견디고 나보다 어려운 이웃을 돌보는 내면이 아름다운 사람이 되어야 한다고 작가는 말하고 있습니다. 이들에게는 훌륭한 본보기인 엄마가 옆에 있지요. 작가는 또한, '큰 것을 포기해야만 희생이 아니라 아주 작은 것이라도 어려운 이들을 위해서 나눈다면 그 가치는 헤아릴 수 없이 크다.'라는 메시지도 던지고 있는데, 이런 메시지는 남북전쟁으로 몸도 마음도 힘든 시기를 보내고 있던 독자들에게 큰 울림을 주었습니다. 엄마가 말하는 뜻을 재빨리 알아차리고 대답하는 Jo, 아이들을 진심으로 가여워하는 Beth, 이미 빵을 담으며 행동으로 옮기고 있는 Meg, 그리고 자신이 제일 좋아하는 음식을 포기하며 뿌듯해하는 Amy와 그런 아이들을 사랑스러운 눈길로 바라보며 진심으로 기뻐하는 엄마의 모습을 상상하면 함께 행복해지는 기분입니다.

Hummel 가족에게 다녀온 후에 Meg는 "That's loving our neighbor better than ourselves.(이런 게 이웃을 나보다 더 사랑한다는 것이구나.)"라고 합니다. 자신이 가진 것을 내어 줬는데 오히려 채워지는 기분을 느낀 것이죠. 돈으로 살 수 없는 값진 경험을 한 것입니다.

아버지도 전쟁터에 계시고 경제적으로 어려운 March 가족이지만, 그래도 마음만은 가장 풍족한 크리스마스가 아니었을까요?

*Write a favorite sentence

_____

_____

Hummel 가족에게 다녀온 후 자매들은 어머니를 위해서 준비한 선물 보따리를 푼다. 소박하고 사랑이 넘치는 딸들의 선물에 엄마는 크게 감동한다.

극장에 자주 가기에는 아직 어리기도 하고 주머니 사정도 넉넉지 않았기 때문에 자매들은 크리스마스 저녁 행사로 연극을 준비했다. 그리고 많은 사람들의 기대와 함께 연극의 막이 올랐다.

1막. Hugo는 Zara를 너무 사랑한 나머지 그녀의 연인인 Roderigo를 죽이고 Zara를 차지하겠노라 결심하고, Hagar라는 이름의 마녀에게 찾아가 마법의 약을 만들어 줄 것을 주문한다. 그러나 Hugo가 과거에 자신의 친구 몇몇을 죽였음을 기억하는 Hagar는 Hugo의 계획을 엉망으로 만들겠노라 생각한다.

2막. Roderigo는 Zara를 찾아가 세레나데를 부른다. Zara는 Roderigo와 함께 도망치기로 결심하고 창문에서 뛰어내리는데 그만 옷자락이 걸려서 건물이 무너지고 둘은 폐허더미에 묻힌다. 딸의 아버지인 Don Pedro 왕은 두 사람을 끌고 가라고 명령한다.

3막. 배경은 성안의 큰 방이다. Hugo는 Roderigo와 Zara를 죽이기 위해서 포도주에 약을 탄 후 둘에게 갖다줄 것을 하인에게 명령한다. 그런데 두 연인을 구하기 위해서 온 Hagar가 이를 멀쩡한 포도주와 바꿔치기하고, 약을 탄 포도주는 도리어 Hugo가 마시게 된다.

4막. Zara가 자신을 버리고 떠났다고 오해하고 절망에 빠진 Roderigo가 단검으로 목숨을 끊으려는 장면으로 시작한다. 하지만 어디선가 Zara의 마음은 변치 않았으나 위험에 빠졌다고 하는 노랫소리가 들린다.

5막. 딸 Zara와 아버지인 Don Pedro 왕이 언쟁을 벌이는 장면으로 시작된다. 왕은 딸을 수녀원에 보내려고 하지만 Zara는 따르지 않겠다고 하는데 Roderigo가 들어온다. 결혼을 허락해 달라고 하지만 Don Pedro는 가난뱅이에게 딸을 주지 않겠다고 한다. 탈진한 Zara를 데리고 방을 나가려는 찰나, 하인이 급히 Hagar의 편지와 가방을 들고 온다. Hagar는 자신의 막대한 재산을 젊은 연인에게 물려줄 것이고, 이들을 불행하게 만들면 Don Pedro가 끔찍한 최후를 맞이하게 할 것이라 경고한다. 왕은 결국 둘의 결혼을 허락하고, 모두 기쁨에 차서 노래를 부르며 막이 내린다.

연극을 성공적으로 마친 자매들은 아침 식사를 어려운 이웃에게 양보한 보상을 제대로 받는다. 옆집에 사는 Laurence 할아버지가 자매들의 이야기를 듣고 감동해서 저녁 만찬을 보낸 것이다. 자매들은 감사하며, 그리고 함께하지 못한 아버지를 생각하며 크리스마스를 마무리한다.

그렇게 며칠이 흐르고 Meg와 Jo는 Gardiner 부인에게서 새해 전야에 열리는 무도회에 오라는 초대장을 받는다. 이들은 기쁨에 들떴지만 무엇을 입고 갈지 고민에 빠진다.

Day 03

옆집 소년 로런스 1

파티에 가려고 한창 분주하게 준비를 하는 자매들입니다.
메그는 이마에 예쁘게 내려오는 앞머리를 만들고 싶다고 조에게 부탁하는데,
파티에 가지 못하게 생겼네요. 대체 무슨 일일까요?

새해 전날, 거실에는 아무도 없었다. 베스와 에이미는 언니들이 옷을 입는 데 시중을 들었고, 메그와 조는 '파티 준비'라는 지극히 중요한 일에 몰두하고 있었기 때문이다. 몸단장이라고 해 봐야 특별할 게 없었지만, 위층과 아래층을 오르락내리락하며 웃고 떠드는 소리가 가득했으며, 그러는 와중에 머리카락 타는 냄새가 집안 가득 퍼졌다. 메그가 머리카락을 살짝 말아서 얼굴 옆으로 내리고 싶어 해서 조가 머리 가닥을 종이에 넣고 뜨거운 인두로 말고 있었다.

"원래 이렇게 연기가 나?" 침대에 걸터앉아 있던 베스가 물었다.

"젖은 머리카락에 해서 그래." 조가 말했다.

"냄새가 너무 이상해! 무슨 깃털 타는 냄새 같아." 에이미가 자신의 예쁜 곱슬머리를 뽐내듯이 만지며 말했다.

"자, 이제 종이를 뺄 거야. 구름처럼 둥그렇게 잘 말린 곱슬머리를 기대해." 조가 인두를 내려놓으며 말했다.

그렇게 말하면서 종이를 뺐다. 구름같이 둥그렇게 말린 머리는 온데간데없고 타 버린 머리카락이 종이와 함께 떨어져나왔다. 겁에

The Laurence Boy #1

parlor 거실 deserted 사람이 없는, 텅 빈 pervade 널리 퍼지다 tongs 고데기
ringlet 곱슬머리 scorched 탄, 그을은 bureau 화장대 uneven (무늬 등이) 고르지 않은
frizzle 지진 머리 consolingly 위로하며 petulantly 뾰로통해서

On New Year's Eve the parlor was deserted, for the two younger girls played dressing maids and the two elder were absorbed in the all-important business of 'getting ready for the party'. Simple as the toilets were, there was a great deal of running up and down, laughing and talking, and at one time a strong smell of burned hair pervaded the house. Meg wanted a few curls about her face, and Jo undertook to pinch the papered locks with a pair of hot tongs.

"Ought they to smoke like that?" asked Beth from her perch on the bed.

"It's the dampness drying," replied Jo.

"What a queer smell! It's like burned feathers," observed Amy, smoothing her own pretty curls with a superior air.

"There, now I'll take off the papers and you'll see a cloud of little ringlets," said Jo, putting down the tongs.

She did take off the papers, but no cloud of ringlets

질린 미용사가 그녀의 희생양 앞에 놓인 화장대에 검게 그을린 머리카락을 내려놓았다.

"아, 아, 아! 대체 뭘 어떻게 한 거야? 망했어! 이렇게는 못 가! 내 머리, 아, 내 머리!" 메그는 자포자기의 심정으로 이마 앞에 쥐 파먹은 듯이 꼬불거리는 머리카락을 쳐다보며 흐느꼈다.

"내가 하는 게 그렇지 뭐! 언니가 나한테 부탁하질 말았어야 했나 봐. 난 늘 일을 망치잖아. 언니, 정말 미안해. 인두를 너무 뜨겁게 달궈서 엉망이 됐어." 가엾은 조가 까만 팬케이크처럼 타 버린 머리카락을 쳐다보며 속상해했다.

"망하지 않았어. 그냥 곱슬하게 만들어서 리본을 묶으면 끝이 예쁘게 이마에 내려올 거야. 그러면 최신 유행하는 스타일로 보일 거야. 그렇게 하고 다니는 여자애들 많이 봤어." 에이미가 언니를 위로했다.

"더 예뻐 보이려고 하다가 이렇게 됐으니 누굴 탓하겠어. 그냥 둘걸." 메그는 퉁명스럽게 말했다.

appeared, for the hair came with the papers, and the horrified hairdresser laid a row of little scorched bundles on the bureau before her victim.

"Oh, oh, oh! What have you done? I'm spoiled! I can't go! My hair, oh, my hair!" wailed Meg, looking with despair at the uneven frizzle on her forehead.

"Just my luck! You shouldn't have asked me to do it. I always spoil everything. I'm so sorry, but the tongs were too hot, and so I've made a mess," groaned poor Jo, regarding the little black pancakes with tears of regret.

"It isn't spoiled. Just frizzle it, and tie your ribbon so the ends come on your forehead a bit, and it will look like the last fashion. I've seen many girls do it so," said Amy consolingly.

"Serves me right for trying to be fine. I wish I'd let my hair alone," cried Meg petulantly.

😊 새해 전야 무도회에 초대받은 두 언니, Meg와 Jo가 한껏 들떠 있습니다. 동생들도 함께 설렘을 만끽하는 중이지요. 언니들이 단장하는 모습을 보면서 '나도 얼른 커서 저렇게 꾸미고 파티에 가고 싶다.' 하며 부러워하는 표정을 상상해 봐도 좋습니다. 소설을 재미있게 읽으려면 '적극적인 읽기'를 해야 합니다. 작가들은 상황을 묘사할 때 표면적인 단어를 쓰는 것이 아니라 생생한 느낌이 나도록 감각적으로 표현을 하니까요.

예를 들어 'There was a great deal of running up and down, laughing and talking, and at one time a strong smell of burned hair pervaded the house.(위층과 아래층을 오르락내리락하며 웃고 떠드는 소리가 가득했으며, 그러는 와중에 머리카락 타는 냄새가 집안 가득 퍼졌다.)'라는 문장에서는 'laughing', 'talking'과 같은 단어들이 사용되었습니다. 이런 단어들을 만나면 그냥 글자로 보는 것이 아니라 그 안에 숨어 있는 소리를 상상해 보는 겁니다. 'smell of burned hair' 같은 후각적인 단어들도 있습니다. "What a queer smell! It's like burned feathers.(냄새가 너무 이상해! 무슨 깃털 타는 냄새 같아.)"라는 문장에는 'burned feathers'라는 말이 나오지요. 이를 읽을 때 '머리카락이 타는 냄새', '깃털이 타는 냄새'를 코끝에 떠올려 보세요. 바로 '앗, 뭔가 잘못되고 있는데!' 하며 웃음이 쿡 나오지 않나요? 아니나 다를까 Jo는 언니의 머리를 예쁘게 해 주려고 하다가 불 조절(?)에 실패한 나머지 Meg의 앞머리를 태우게 되고, Meg는 꾸미는 데는 영 손재주가 없는 Jo의 'victim(희생양)'이 되고 맙니다. 이렇게 책을 읽을 때 오감을 동원해서 읽으면

시공간을 뛰어넘어 '지금, 여기'에서 그 일들이 펼쳐지고 있는 듯한 느낌을 받게 됩니다.

《작은 아씨들》의 출판인인 Thomas Niles(토마스 나일스)는 루이자에게 '소녀들을 위한 책'을 써 보자고 제안을 했다고 합니다. 남자아이들을 위한 모험 소설이 있듯이, 여자아이들이 좋아할 만한 이야기를 써 보자고 한 것이지요. 루이자의 작가로서의 가능성을 봤을 수도 있고, 시장에서의 반응을 염두에 둔 제안이었을 수도 있습니다. 이 제안에 대해 루이자는 "말도 안 되는 생각"이라고 했다고 합니다. 그녀는 자신의 일기에 'Never liked girls, or knew many, except my sisters.(언니와 동생들 말고는 여자아이들을 좋아하지도 않았고, 많이 알지도 못했다.)'라고 적기도 했죠. 하지만 이 제안을 받았을 당시에 루이자는 집안 형편이 어려웠다고 합니다. 그래서 제안받은 소설을 써 보기로 했고, 자기가 가장 잘 아는 소녀들인 언니와 동생들, 그리고 자신의 이야기를 잘 버무린 《작은 아씨들》을 탄생시킵니다.

머리 스타일을 망친 Meg가 낙심하자 Amy는 리본 장식으로 감추면 'the last fashion(최신 유행 스타일)'처럼 보일 거라면서 언니를 위로합니다. 작품에서 Amy는 Meg와 마찬가지로 예쁜 것을 좋아하는데, 언니보다 미적 감각이 더 뛰어난 동생으로 그려집니다. 여기에 '고상하고 우아한' 행동과 말씨까지 얹어서 좀 더 상류층 여성 같은 분위기를 풍기고자 애를 쓰지요. 지금은 그냥 언니들의 파티 준비를 돕는 어린 동생이지만, Amy가 멋진 숙녀로 자라는 모습을 지켜보는 재미 또한 쏠쏠합니다.

하나 더 눈여겨볼 모습은 Meg입니다. 이런 일이 벌어지자 Meg는 동생 Jo를 탓하는 것이 아니라 자신을 탓하지요. 이는 "Serves me right for trying to be fine.(더 예뻐 보이려고 하다가 이렇게 됐으니 누굴 탓하겠어.)"이라는 말에 잘 드러납니다. 이 대사는 Meg의 '예뻐 보이고 싶은 욕망'이 싸워서 이겨야 할 대상이라는 암시를 주는 말입니다. 예쁜 것을 좋아하는 것은 '물질적인 욕망', 더 나아가 '세속적인 욕망'과 연결됩니다. 이것은 작품의 밑바탕에 깔린 '자신을 희생하고 절제하는 것은 힘든 일이지만, 열심히 싸워 이겨서 결국엔 천상에 이른다.'라는 메시지와 결을 같이합니다. 단순히 종교적인 메시지로 볼 수도 있지만, '더 나은 사람이 되기 위해서는 자신의 약한 부분과 싸워서 이겨야 한다.'라는 누구에게나 적용될 수 있는 보편적인 교훈이기도 합니다.

이렇게 머리 손질로 한바탕 소동이 일었다가 수습이 되고, 이어지는 이야기에서는 옷에 대한 묘사가 등장합니다. Jo의 옷에 있는 유일한 장식은 'a white chrysanthemum or two(흰 국화 두어 송이)'였다는 말이 나옵니다. 그런데 왜 많은 꽃 중에서 국화일까요? 작가가 좋아하는 꽃이라서 그럴까요? 아니면 꽃 이름 중에서 제비뽑기로 하나를 골랐을까요?

빅토리아 시대에 하얀색 꽃은 'truth(진실)'를 의미했는데, 작가는 흰 국화꽃을 통해 가식 없이 솔직하고 젠체하지 않는 Jo의 성격을 보여 주고자 한 것이죠. 이렇게 작은 부분에도 작가의 의도가 숨어 있다는 것을 알게 되면, 책을 읽을 때 단어 하나하나를 그냥 지나치지 않게 됩니다. 한 권의 소설을 '제대로' 읽는다는 것은 바로 이런 것이 아닐까요?

*Write a favorite sentence

Jo의 실수로 타 버린 머리를 적당히 수습한 후, Meg와 Jo는 드레스를 입고 손수건까지 챙겨서 집을 나선다. 파티 장소에 도착한 후 Gardiner 부인의 옷방에서 한참 단장을 하던 Meg에게 왈가닥 성격의 Jo는 만약 자신이 난처한 행동을 하면 윙크로 알려 달라고 한다. 하지만 Meg는 윙크는 숙녀답지 못한 행동이라고 하면서 대신 눈썹을 치켜세우겠다고 하며, Jo에게 보폭을 좁게 걷고 다른 사람을 소개받을 때 악수를 하는 건 예의가 아니라고 일러 준다.

드디어 둘은 파티가 열리고 있는 아래층으로 내려간다. 오늘 파티의 호스트인 Gardiner 부인의 맏딸 Sally와 Meg는 마침 아는 사이여서 금방 편하게 어울린다. 하지만 여자들의 수다에 별로 관심이 없는 Jo는 그저 벽에 등을 기대고 서 있다.

Day 04

옆집 소년 로런스 2

파티에 갔지만, 조는 영 재미가 없습니다.
그러다가 커튼 뒤로 숨었는데 거기에 또 다른 사람이 있네요?
누구였을까요?

쾌활함이 넘치는 청년 대여섯 명이 방 한쪽에서 스케이트 이야기를 나누고 있었다. 스케이트를 좋아하는 조는 그쪽에 가서 이야기에 끼고 싶은 마음이 간절했다. 그래서 메그에게 그런 마음을 내비쳤지만, 메그가 놀랄 정도로 눈썹을 치켜드는 바람에 감히 꼼짝할 수가 없었다. 아무도 조에게 다가와 말을 걸지 않았고, 주위에 무리를 지어 있던 사람들도 하나둘 떠나자 조는 혼자 남았다. 드레스 탄 자국이 보일까 봐 혼자 막 돌아다니며 즐길 수도 없어서 다시 춤이 시작될 때까지 그저 쓸쓸하게 사람들을 쳐다볼 뿐이었다.

메그는 단번에 춤추자는 신청을 받았는데, 꽉 끼는 신발을 신고도 어찌나 사뿐사뿐 춤을 추는지 발이 아픈 걸 참고 웃고 있다는 걸 아무도 눈치채지 못할 정도였다. 조는 덩치 큰 빨간 머리 청년이 자기 쪽으로 다가오는 것을 보고 춤추자고 할까 봐 덜컥 겁이 났다. 그래서 커튼이 쳐진 구석으로 슬며시 숨었는데, 거기서 몰래 밖을 내다보며 혼자서 편히 있을 작정이었다. 하지만 유감스럽게도 낯을 가리는 또 다른 사람이 그곳을 도피처 삼아

The Laurence Boy #2

jovial 유쾌한 lad 사내애, 청년 dwindle away 점점 줄어들다
roam about 이리저리 돌아다니다 forlornly 쓸쓸히 briskly 활발하게
bashful 수줍어하는 stammer 말을 더듬다 outright 터놓고 prim 점잔 빼는

Half a dozen jovial lads were talking about skates in another part of the room, and she longed to go and join them, for skating was one of the joys of her life. She telegraphed her wish to Meg, but the eyebrows went up so alarmingly that she dared not stir. No one came to talk to her, and one by one the group dwindled away till she was left alone. She could not roam about and amuse herself, for the burnt breadth would show, so she stared at people rather forlornly till the dancing began.

Meg was asked at once and the tight slippers tripped about so briskly that none would have guessed the pain their wearer suffered smilingly. Jo saw a big red headed youth approaching her corner and fearing he meant to engage her she slipped into a curtained recess intending to peep and enjoy herself in peace. Unfortunately, another bashful person had chosen the same refuge for as the curtain fell

숨어 있었다. 그렇게 커튼 뒤에서 옆집 소년 로런스와 마주하게 되었다.

"이런, 여기에 누가 있는 줄 몰랐네요!" 조가 더듬거렸다. 재빨리 숨어들었던 것처럼 얼른 다시 나가려고 했다.

소년은 좀 놀란 듯했지만 웃으면서 예의 바르게 말했다. "나는 신경 쓰지 말고, 괜찮으면 여기 있어요."

"내가 방해한 건 아닌가요?"

"전혀요. 아는 사람도 별로 없고, 처음이라 좀 낯설어서 그냥 여기 있는 거예요."

"나도 그래요. 괜찮으면 다른 데 가지 말고 여기 있어요."

소년은 다시 자리에 앉아 조가 다시 말을 시킬 때까지 구두만 쳐다봤다. 조가 예의를 지키면서도 편안한 말투로 물었다. "전에 본 적이 있는 것 같아요. 우리 집 근처에 살지 않아요?"

"옆집에요."라고 말하면서 로런스는 고개를 들고 웃음을 터뜨렸다. 집을 나갔던 고양이를 데려다주면서 둘이 크리켓 이야기를 나눈 적이 있는데도 조가 처음 만난 사이인 척 내숭을 떠는 모습이 웃겼기 때문이다. 그 덕분에 조 역시 마음이 편해져서 같이 웃었고, 원래의 말투로 다정하게 말했다.

behind her, she found herself face to face with the 'Laurence boy'.

"Dear me, I didn't know anyone was here!" stammered Jo, preparing to back out as speedily as she had bounced in.

But the boy laughed and said pleasantly though he looked a little startled "Don't mind me, stay if you like."

"Shan't I disturb you?"

"Not a bit. I only came here because I don't know many people and felt rather strange at first, you know."

"So did I. Don't go away, please, unless you'd rather."

The boy sat down again and looked at his pumps, till Jo said, trying to be polite and easy, "I think I've had the pleasure of seeing you before. You live near us, don't you?"

"Next door." And he looked up and laughed outright, for Jo's prim manner was rather funny when he remembered how they had chatted about cricket when he brought the cat home. That put Jo at her ease and she laughed too, as she said, in her heartiest way.

💬 드디어 파티장입니다. Meg는 파티에 오기 전에 Jo에게 "I'll lift my eyebrows if anything is wrong.(혹시라도 적절하지 않은 행동을 하면 눈썹을 치켜올리겠다.)"이라고 했습니다. Jo는 남자들이 모여서 스케이트 얘기를 나누는 자리에 함께 어울리고 싶은 마음이 굴뚝같았습니다. 그래서 Jo는 'She telegraphed her wish to Meg(그녀는 메그에게 그런 마음을 내비쳤다)' 이렇게 허락을 구하지만, Meg는 어림도 없다는 듯이 'the eyebrows went up so alarmingly(눈썹이 깜짝 놀랄 정도로 치켜올라갔다)'로 Jo를 말립니다. 게다가 Jo는 불에 그을린 자국이 있는 드레스를 입고 있기에 마음껏 파티장을 돌아다니지도 못합니다. 마치 드레스에 난 흠집이 곧 Jo 자신의 흠집이라도 되는 양 말이지요.

이 장면에서 다시 한번 Meg와 Jo가 어떤 인물인지 파악할 수 있습니다. Meg는, 당시의 여성들 대부분이 그랬겠지만, 사회가 정한 규범에서 벗어난다는 건 생각할 수도 없는 여성인 반면, Jo는 그런 규범 따위에 연연하고 싶지 않은 여성이죠. 작품 속에서는 이 두 사람이 잘 대비되어 보여집니다. Jo는 성격상 즐겁지 않은데 즐거운 척하며 있을 수는 없지만, 그렇다고 언니와 함께 온 자리인데 맘에 들지 않는다고 먼저 집에 갈 수는 없기에 누군가 자기에게 춤을 신청하러 다가오는 낌새를 채고 커튼이 드리워진 구석으로 얼른 숨어듭니다. 거기서 'enjoy herself in peace', 즉 마음 편하게 즐기며 있어야겠다고 하죠. 이 말은 바꿔 말하자면 파티가 한창인 커튼 바깥은 'in peace(편하게)'인 상태로 있을 수 없는 곳이라는 것으로, 이를 조금 더 확장해 본다면 다른 여자들이 즐겁고 중요하다고 생각하는 것들이 Jo에게는 딱히 그렇지 않다는 것을 의미합니다.

그렇게 숨어들어서 혼자 한숨 돌리려고 했는데 이미 누군가가 그곳에 있네요. 바로 Laurie입니다. 두 사람이 우연히 그 장소에서 마주쳤다고 생각할 수도 있지만, 커튼 밖과 커튼 안쪽은 'in peace'냐 아니냐, 즉 편히 있을 수 있는 곳이냐 아니냐로 구분됩니다. Laurie와 Jo는 둘 다 커튼 안쪽에서 'in peace'의 상태로 있을 수 있는 사람들이고, 여기서 둘의 공감대는 커지게 됩니다. 옆집에 살기 때문에 이미 마주친 적이 있는 데다, 이렇게 서로가 비슷하다는 것을 다시 한번 확인하게 되면서 두 사람 모두 심리적으로 편안함을 느낍니다.

이 장면 바로 다음에 Jo와 Laurie는 자신들을 소개하면서 "I'm not Miss March. I'm only Jo,(난 마치 양이 아니라, 그냥 조야.)", 그리고 Laurie 역시 "I'm not Mr. Laurence, I'm only Laurie.(나도 로런스 군이 아니라 그냥 로리야.)"라고 말하는데, 이것은 무슨 의미일까요? 작가는 사회가 정한 기준에 물음을 던지는 두 사람의 모습을 그리고 있습니다. 작가가 이들에게 재치 있게 중성적인 이름을 붙인 것도 그런 이유인데요, 어느 한 군데에만 꼭 들어맞지 않고 어딘가 중간쯤에 위치하기를 원하는 이들의 캐릭터를 살리고자 한 것이죠. Jo의 원래 이름은 Josephine인데, 너무 여성스러운 이름이 싫어서 'Jo'라고 불리는 것을 더 좋아하죠. Laurie 역시

Laurence라는 멀쩡한(?) 이름을 놔두고, 여자 이름인 Laura의 애칭이기도 한 'Laurie'로 부르라고 합니다.

작가는 이렇게 작품 속에서 인물에 대한 정보를 계속해서 제공합니다. 중요한 인물일수록 당연히 많은 장면을 할애하지요. 주어진 정보들을 세세히 파악하면서 인물의 뼈대에 살을 붙여 나가게 되면 캐릭터가 입체적으로 살아납니다. 이제 작품의 초반이니 Jo와 Laurie에게 붙여 나갈 살들이 많이 있겠죠? 일단 이 장면만 보더라도 꽤 잘 통하는 두 사람이 만난 것만은 분명해 보입니다. 앞으로 이들은 어떻게 성장하게 될까요?

*Write a favorite sentence

커튼 뒤 공간에서 Laurie는 스위스에서 학교를 다닌 얘기, 프랑스어를 할 줄 안다는 얘기도 하고, Jo의 언니 Meg도 본 적이 있다고 말한다. 또 커튼 밖의 사람들도 쳐다보며 이러쿵저러쿵 수다를 떤다. Jo는 자신의 행동이 옳은지 그른지 눈썹을 올려 신호를 주는 언니도 없었으니 드레스 탄 자국 따윈 잊은 채 명랑한 자신의 모습으로 대화를 나눈다. Jo는 집에 돌아가면 자매들에게 Laurie에 관해서 얘기해 주려고 그를 유심히 살폈다. 남자 형제가 없는 March 자매들에게 남자애들은 미지의 존재나 마찬가지였다.

폴카 음악이 나오자 Laurie는 함께 춤을 추자고 한다. Jo는 자기가 난로 앞에 가까이 서 있는 습관 때문에 드레스를 태웠고, 그게 너무 잘 보여서 춤을 추지 않기로 Meg 언니와 약속했다고 말한다. 하지만 Laurie는 사람들이 없는 곳으로 가자고 하며 Jo를 복도로 이끌었다. 둘은 신나게 폴카도 추고, Laurie가 Jo에게 독일식 스텝을 알려 주기도 한다. 음악이 멈추자 계단에 앉아서 한숨 돌리고 있을 때, Meg가 Jo를 찾아온다.

Meg는 구두의 굽이 돌아가서 발목을 삐끗했고, 너무 아파서 서 있기도 힘들다고 말한다. 집에 돌아가거나 Gardiner 부인 집에서 자고 가거나 해야 하는데, 집으로 돌아가자니 마차를 부르는 게 여의치 않고 자고 가자니 빈방이 없어서 곤란한 상황이다. Jo는 곧 Laurie를 떠올리고 도움을 요청하려고 하지만, Meg는 이를 한사코 말린다. Jo는 언니에게 먹을 것을 가져다주려고 주방으로 갔다가 다시 Laurie와 마주치고, 그의 도움으로 커피와 아이스크림을 먹으며 머리를 식힌다. 둘의 소식을 듣고 Hannah가 달려오지만 뾰족한 수가 없다. 마차를 구해 보려고 Jo가 돌아다닌다는 얘기를 전해 들은 Laurie는 할아버지의 마차를 함께 타고 돌아가자고 하고, Jo는 조금 망설였지만 언니의 상태를 생각해서 고맙게 받아들였고 함께 무사히 돌아온다.

집으로 돌아오니 두 동생, Beth와 Amy가 졸리기는 하지만 파티 이야기가 너무나 궁금한 눈으로 언니들을 기다리고 있다. 자매는 파티에서 있었던 많은 이야기를 나누며 하루의 막이 내린다.

Day 05

집 1

즐겁고 긴 휴가를 보내고 다시 일터로 가는 메그와 조.
추운 겨울에도 어김없이 일을 나가야 하는 자신들의 처지가 조금은 서글픈가 봅니다.
이들의 신세 한탄(?)을 들어 볼까요?

"매일 크리스마스나 새해 연휴라면 얼마나 좋을까? 재미있을 것 같지 않아?" 조가 울적한 표정으로 하품을 하며 대답했다.

"만약 그런다면 지금의 반만큼도 즐겁지 않겠지. 물론 근사한 저녁을 먹고 꽃다발을 받고 파티에 갔다가, 집에 돌아와서 책 좀 읽고 쉬면서 일도 하지 않고 살면 좋기는 하겠다. 다른 사람이 된 기분이겠지. 나는 그렇게 사는 여자애들이 늘 부러워. 난 화려한 삶이 정말 좋아." 낡은 드레스들 중에서 어느 쪽이 그나마 나은지 고심하며 메그가 말했다.

"흠. 우리가 그렇게 살 수는 없으니 불평하지 말고 각자의 짐을 짊어지고 힘차게 걸어가는 수밖에. 엄마처럼 말이야. 마치 작은할머니는 나한테 그 '바다의 노인'(천일야화에서 선원 신드바드의 어깨에 매달려서 내려오지 않고 괴롭히는 노인)임이 틀림없어. 하지만 투덜대지 않고 메고 다니는 법을 배우면, 어깨에서 떨어지거나 신경 쓰지 않아도 될 만큼 가벼워질 거야."

Burdens #1

dismally 울적하게 shabby 다 낡은 gown 드레스 trudge 느릿느릿 걷다
shan't ~하지 않을 것이다(shall not의 축약형) midget 꼬마, 난쟁이
toil and moil 억척스럽게 일하다 croak 불평을 하다 fret 조바심치다

"I wish it was Christmas or New Year's all the time. Wouldn't it be fun?" answered Jo, yawning dismally.

"We shouldn't enjoy ourselves half so much as we do now. But it does seem so nice to have little suppers and bouquets, and go to parties, and drive home, and read and rest, and not work. It's like other people, you know, and I always envy girls who do such things, I'm so fond of luxury," said Meg, trying to decide which of two shabby gowns was the least shabby.

"Well, we can't have it, so don't let us grumble but shoulder our bundles and trudge along as cheerfully as Marmee does. I'm sure Aunt March is a regular Old Man of the Sea to me, but I suppose when I've learned to carry her without complaining, she will tumble off, or get so light that I shan't mind her."

얘기를 하다 보니 상상이 됐고, 조는 이내 기분이 좋아졌다. 하지만 메그는 그다지 밝아지지 않았다. 제멋대로인 아이들 넷이라는 짐이 그 어느 때보다 무거워 보였기 때문이다. 메그는 심지어 평소처럼 목에 파란 리본을 두르고 잘 어울리는 머리 모양을 할 마음도 내키지 않았다.

"예쁘게 보이면 뭐 해, 짜증이나 내는 꼬맹이들 말고는 나를 보는 사람도 없고 내가 예쁘든 말든 아무도 신경을 안 쓰는데." 메그가 투덜대면서 서랍을 쾅 닫았다. "난 사는 내내 억척스럽게 일이나 하겠지. 어쩌다가 한 번씩 재미있게 보내다가 못생기고 심술궂게 나이 들겠지. 가난하고 다른 여자애들처럼 인생을 막 즐기지도 못하니까 말이야. 너무 분해!"

메그는 속상한 얼굴로 아래층으로 내려갔고, 아침 식사 내내 기분이 좋지 않았다. 다들 기분이 별로였고, 푸념을 쏟아낼 것만 같은 표정이었다. 베스는 머리가 아파서 소파에 누워 고양이와 새끼 고양이 세 마리를 쓰다듬으면서 마음을 가라앉히려 하고 있었다. 에이미는 학교에서 배운 것이 잘 이해되지 않고, 지우개까지 못 찾아서 조바심을 냈다. 조는 휘파람을 불고 시끄러운 소리를 내면서 일하러 갈 준비 중이었다.

This idea tickled Jo's fancy and put her in good spirits, but Meg didn't brighten, for her burden, consisting of four spoiled children, seemed heavier than ever. She had not heart enough even to make herself pretty as usual by putting on a blue neck ribbon and dressing her hair in the most becoming way.

"Where's the use of looking nice, when no one sees me but those cross midgets, and no one cares whether I'm pretty or not?" she muttered, shutting her drawer with a jerk. "I shall have to toil and moil all my days, with only little bits of fun now and then, and get old and ugly and sour, because I'm poor and can't enjoy my life as other girls do. It's a shame!"

So Meg went down, wearing an injured look, and wasn't at all agreeable at breakfast time. Everyone seemed rather out of sorts and inclined to croak. Beth had a headache and lay on the sofa, trying to comfort herself with the cat and three kittens. Amy was fretting because her lessons were not learned, and she couldn't find her rubbers. Jo would whistle and make a great racket getting ready.

💬 "I wish it was Christmas or New Year's all the time. Wouldn't it be fun?"이라는 Jo의 말처럼 매일 크리스마스나 새해 연휴라면 과연 즐거울까요? March 자매들의 한숨이 여기까지 들리는 듯합니다. Meg는 "I wish it was Christmas or New Year's all the time.(매일 크리스마스나 새해 연휴라면 얼마나 좋을까?)"이라는 Jo의 말에 기다렸다는 듯이 자신의 바람을 이야기합니다. 앞에서 물질적인 욕망이 있는 Meg의 모습을 만나 봤었지요. 여기에서 Meg가 다시 한번 확인을 해 줍니다. "I'm so fond of luxury.(난 화려한 삶이 정말 좋아.)" 하고요. 이런 점이 결국엔 Meg를 시험에 빠뜨리는데요, 그 사건은 작품의 후반부에 등장합니다.

집안의 경제 사정이 어려워지자 두 언니들은 살림에 조금이라도 보탬이 되고자 Meg는 가정교사로 일하고, Jo는 다리가 불편한 작은할머니댁에 가서 이것저것 도와드리고 있습니다. 그런데 작은할머니는 깐깐하고 비위 맞추기가 쉽지 않은 분이어서 십 대 소녀인 Jo에게는 버거운 상대이죠. 그래서 Jo는 "I'm sure Aunt March is a regular Old Man of the Sea to me.(마치 작은할머니는 나한테 그 '바다의 노인'임이 틀림없어.)"라고 말합니다.

Ernest Hemingway(어니스트 헤밍웨이)의 소설 제목 《The Old Man and the Sea(노인과 바다)》와 헷갈리기도 하는 이 '바다의 노인(a regular old man of the sea)'은 《The Thousand and One Night(천일야화)》 중에서 Sinbad(선원 신드바드)의 다섯 번째 여행

이야기에 등장하는 노인입니다. 바다의 노인은 신드바드의 목을 잡고 등에 매달리고, 내려오기를 거부하며 끊임없이 괴롭히는 인물로, 여기서 이 노인은 우리 각자의 삶에 주어진 '아무리 흔들어도 우리에게서 떨어지지 않는 짐 또는 고난'을 의미합니다. 작품에는 우리 각자의 등에 올라타 있는 바다의 노인을 다루는 지혜에 대해서 Jo가 말하는 부분이 나오지요. "I suppose when I've learned to carry her without complaining, she will tumble off, or get so light that I shan't mind her.(투덜대지 않고 메고 다니는 법을 배우면, 어깨에서 떨어지거나 신경 쓰지 않아도 될 만큼 가벼워질 거야.)"라고요.

Jo에게는 작은할머니가 바다의 노인이라면, Meg에게는 'toil and moil all my days, with only little bits of fun now and then(사는 내내 억척스럽게 일이나 하고 어쩌다가 한 번씩 재미있게 보낼)' 자신의 처지가 바로 바다의 노인이라고 할 수 있습니다. 확 던져버리고 자신이 사랑하는 'luxury'의 세계로 가고 싶은데, 이것은 한번 잡으면 절대 놔주지 않는 끈질긴 존재입니다.

이 작품이 출간된 시기로부터 우리는 멀리 떨어져 있습니다. 거의 모든 것이 변했지만, 우리 등에 올라앉아 끈질기게 우리를 괴롭히는 존재가 있다는 사실만큼은 변하지 않은 듯합니다. 유난히 어깨가 무겁게 느껴지는 날에는 Jo의 다음 말이 생각났으면 합니다. "I suppose when I've learned to carry her without complaining, she will tumble off, or get so light that I shan't mind her.(투덜대지 않고 메고 다니는 법을 배우면, 어깨에서 떨어지거나 신경 쓰지 않아도 될 만큼 가벼워질 거야.)"

*Write a favorite sentence

_____

_____

아침부터 기분이 좋지 않았던 Meg와 Jo는 Hannah가 구운 따뜻한 빵을 손에 들고 집을 나선다. 여전히 우울해하는 언니를 위해서 Jo는 나중에 자기가 돈을 많이 벌어서 언니가 바라는 화려한 삶을 살게 해 주겠다고 한다. 황당한 말에 웃음이 터진 둘은 다시 심기일전하여 각자의 일터로 향한다.

편안하고 화려한 것을 좋아하는 Meg에게는 가난이 가장 큰 골칫거리였다. 동생들과 달리 잘 꾸며진 예쁜 집에서 편안하고 부족한 것 없이 살던 시절을 기억하기 때문에 지금의 가난한 살림이 더욱 견디기 힘들었다. 게다가 가정교사로 일하는 King 씨네 딸들이 가진 우아한 드레스나 꽃다발을 볼 일이 많았다. 또 썰매를 타러 가거나 극장을 간다는 이야기도 종종 들었고, 돈을 펑펑 쓰는 모습을 보기도 했다.

다리가 불편해져서 시중들어 줄 사람이 필요했던 March 작은할머니의 눈에 든 사람은 Jo였다. 자식이 없었던 작은할머니는 자매들의 살림이 어려워지자 한 명을 입양하고 싶다는 뜻을 내비치기도 했었다. 하지만 어려워도 가족이 똘똘 뭉쳐 함께해야 행복할 수 있다는 March 부인의 뜻에 따라 입양은 하지 못했다. 그 일로 할머니는 이 가족들과 한동안 말도 하지 않고 지냈지만, 친구 집에서 우연히 Jo를 만났고 솔직한 태도가 맘에 들어서 말동무로 두고 싶어 했다. 어린 Jo에게 까탈스러운 작은할머니를 상대하기란 쉬운 일이 아니었지만, 모두의 걱정과는 달리 Jo는 작은할머니와 생각보다 잘 지냈고 책이 잔뜩 꽂힌 그 집의 서재를 좋아했다.

Beth는 너무 수줍음이 많아서 학교에 다니지 못할 정도였다. 시도는 해 봤지만 결국 포기하고 집에서 아빠와 공부했다. 주부 기질을 타고나서 Hannah를 도와 집을 청소하고 일하는 가족들이 편히 쉴 수 있도록 했다. 그러면서도 보상을 바라기보다 사랑받는 것에 만족했다. 그런 Beth에게도 고민이 있었는데, 바로 음악 수업을 받을 수 없고 좋은 피아노를 가질 수 없다는 것이었다. 하지만 음악을 정말 사랑했고 낡은 피아노로 끈기 있게 연습해서 누군가 정말 도와줘야 할 것 같았다.

Amy에게 인생 최대의 시련은 바로 '코'였다. Amy가 아기였을 때 Jo가 실수로 석탄통에 Amy를 떨어뜨렸는데, 그때 자기 코가 망가졌다고 우겼다. 언니들은 그림에 뚜렷하게 소질이 있는 Amy를 'Little Raphael (꼬마 라파엘로)'이라고 불렀다. Amy 역시 꽃이나 요정, 혹은 독특한 이야기 삽화를 그릴 때 행복했다. 또 성격이 좋고, 특별히 노력하지 않아도 다른 사람을 기분 좋게 하는 재주가 있어서 친구들에게 인기가 많았다.

집에서는 모든 사람에게 사랑을 받아서 허영심과 이기심이 무럭무럭 자라났고 버릇이 없었다. Amy의 허영심에 상처를 주는 유일한 일은 패션 감각이 그다지 뛰어나지 않은 사촌의 옷을 물려 입어야 한다는 사실이었다.

　저녁때 한자리에 모인 자매들은 오늘 하루 각자에게 있었던 일들을 이야기한다. 다들 힘들고 부러웠던 것들에 대해 이야기를 하는 반면, 엄마는 오늘 아침 목격한 흐뭇한 광경에 대해 말한다. 그리고 이어서 엄마가 재단 작업을 하는 곳에서 아들 넷을 군대에 보낸 할아버지를 만나게 되고, 겨우 남편 한 명을 보내 놓고 버거워 한 자신을 돌아봤다고 말한다. 아이들은 이처럼 나중에 떠올려도 두고두고 교훈이 될 만한 이야기를 또 들려 달라고 청한다.

집 2

불평불만이 가득한 딸들의 모습을 보면서
엄마는 한 가지 이야기를 들려줍니다.
과연 무슨 이야기일까요?

"옛날 옛적에, 네 자매가 살았단다. 아이들은 먹고, 마시고, 입을 것이 넉넉했지. 그리고 매우 안락하고 즐겁게 지냈어. 자매들을 많이 사랑하는 친구들과 부모님도 있었고. 하지만 자매들은 만족스럽지 않았단다." (이 대목에서 네 자매는 무슨 얘기인지 알 것 같다는 눈길을 주고받았고, 부지런히 바느질을 하기 시작했다.) "이 자매들은 착하게 살고 싶어서 여러 가지 훌륭한 결심들을 했지만, 제대로 지키지 못했고, 계속 '이것만 있으면, 저것만 할 수 있으면' 이런 말만 했단다. 이미 얼마나 많이 가지고 있고, 얼마나 많은 것들을 할 수 있는지 잊은 채로 말이야. 그래서 어떤 노파를 찾아가서 행복해지려면 무슨 주문을 외워야 하는지 물었어. 그러자 노파는 '불만스러울 땐 너희들이 이미 받은 축복을 떠올려 보고 감사를 드리렴.' 이렇게 대답했지." (여기서 조는 고개를 홱 들고 무슨 얘기를 하려다가 이야기가 아직 끝나지 않은 것 같아서 마음을 바꿨다.)

"자매들은 현명해서 그 조언을 따르기로 했고, 곧 자신들이 얼마나 부유한지 깨닫고 놀랐단다. 첫째는 돈이 많은 부자라고

Burdens #2

dearly 몹시 sly 다 알고 있다는 듯한 spell 주문
discontented 불만족한 fretful 화를 잘 내는 feeble 허약한
carnelian (보석) 홍옥수 sermon 설교 downfall 몰락

"Once upon a time, there were four girls, who had enough to eat and drink and wear, a good many comforts and pleasures, kind friends and parents who loved them dearly, and yet they were not contented." (Here the listeners stole sly looks at one another, and began to sew diligently.) "These girls were anxious to be good and made many excellent resolutions, but they did not keep them very well, and were constantly saying, 'If only we had this,' or 'If we could only do that,' quite forgetting how much they already had, and how many things they actually could do. So they asked an old woman what spell they could use to make them happy, and she said, 'When you feel discontented, think over your blessings, and be grateful.'" (Here Jo looked up quickly, as if about to speak, but changed her mind, seeing that the story was not done yet.)

"Being sensible girls, they decided to try her advice, and soon were surprised to see how well off they were. One

해서 부끄러움과 슬픔이 그들의 집을 피해 가지는 않는다는 걸 알게 됐어. 둘째는 돈은 없어도 젊고, 건강하고, 쾌활한 자신이 본인이 가진 안락함을 누릴 줄 모르는 까다롭고 쇠약한 노부인보다 행복하다는 걸 깨달았어. 셋째는 식사 준비를 돕는 게 힘들긴 하지만 구걸하러 다니는 게 훨씬 더 힘들다는 걸, 그리고 넷째는 홍옥수 반지가 아무리 귀해도 훌륭한 행실만큼 귀하지는 않다는 것을 깨달았지. 그래서 자매들은 불평하지 않고 이미 받은 축복들을 누리면서 축복받을 만한 사람이 되도록 노력하기로 했어. 축복이 늘어나는 게 아니라 이미 받은 축복마저도 사라지지 않게 말이야. 엄마는 자매들이 노파의 조언을 따른 것을 절대로 실망하거나 후회하지 않는다고 믿는단다.”

“엄마, 저희 얘기를 교묘하게 비틀어서 얘기하시다니 너무하세요. 이야기가 아니라 설교잖아요!” 메그가 큰 소리로 말했다.

“나는 이런 설교가 좋아. 아빠도 이런 방식으로 이야기해 주셨잖아.” 베스가 조의 바늘꽂이에 바늘을 가지런히 꽂으며 사려 깊게 말했다.

“난 이제부터 다른 사람들이 그러는 것처럼 불평하지 않고 그 어느 때보다도 행동을 조심히 할 거야. 수지가 좋지 않은 일을 겪은 걸 보면서 경각심이 생겼거든.” 에이미가 분별력 있게 말했다.

discovered that money couldn't keep shame and sorrow out of rich people's houses, another that, though she was poor, she was a great deal happier, with her youth, health, and good spirits, than a certain fretful, feeble old lady who couldn't enjoy her comforts, a third that, disagreeable as it was to help get dinner, it was harder still to go begging for it and the fourth, that even carnelian rings were not so valuable as good behavior. So they agreed to stop complaining, to enjoy the blessings already possessed, and try to deserve them, lest they should be taken away entirely, instead of increased, and I believe they were never disappointed or sorry that they took the old woman's advice."

"Now, Marmee, that is very cunning of you to turn our own stories against us, and give us a sermon instead of a romance!" cried Meg.

"I like that kind of sermon. It's the sort Father used to tell us," said Beth thoughtfully, putting the needles straight on Jo's cushion.

"I don't complain near as much as the others do, and I shall be more careful than ever now, for I've had warning from Susie's downfall," said Amy morally.

💬 힘든 하루를 보내고 온 가족이 모여서 이야기를 나누는데, 즐거운 이야기가 아니라 마치 '누가 누가 더 힘들었나?'를 겨루기라도 하려는 듯이 한숨만 가득하다면 여러분은 어떻게 분위기를 바꾸시겠어요? 이에 대해 Mrs. March는 우리에게 좋은 본보기를 보여 줍니다.

"Once upon a time, there were four girls,…(옛날 옛적에, 네 자매가 살았단다…)" 이렇게 시작하는 이야기를 듣자마자 아이들은 본인들의 이야기임을 금세 눈치챕니다. 하지만 자신들이 돌이켜 봐도 불평불만 일색이었기에 그런지 아이들은 엄마의 이야기를 끝까지 귀 기울여 듣습니다. 엄마의 이야기에 등장하는 노파는 행복의 비결을 이렇게 말해 줍니다. "When you feel discontented, think over your blessings, and be grateful.(불만스러울 땐 너희들이 이미 받은 축복을 떠올려 보고 감사를 드리렴.)"이라고요. 아이들을 다그치는 대신 스스로 자신들의 모습을 돌아볼 수 있도록 이끄는 엄마의 현명한 대처가 매우 인상적인 장면입니다.

이 장면에는 없지만, 이전 이야기에 보면 'Mr. March lost his property in trying to help an unfortunate friend.(마치 씨가 사정이 어려운 친구를 돕다가 재산을 잃었다.)'라는 대목이 나옵니다. March 가족의 모델이 된 작가의 실제 가족은 다른 이유로 사정이 어려웠다고 알려져 있습니다. 작가의 아버지인 Bronson Alcott(브론슨 올콧)은 Ralph Waldo Emerson(랄프 왈도 에머슨), Henry David Thoreau(헨리 데이비드 소로)와 함께 New

England's Transcendental Club(뉴잉글랜드 초월주의 모임)에서 교류하며 가깝게 지냈습니다. 이들은 초월주의 운동가 중에서도 꽤 극단적이었다고 합니다. 이들은 시장의 약탈적이고 탐욕적인 논리에 바탕을 둔 경제 활동 방식을 따르기를 거부하고, 정해진 시간표보다는 자연의 영향력을 더 중요하게 여겨서 학교도 세우고 소통할 수 있는 커뮤니티도 만듭니다. 가장 유명했던 프로젝트는 1843년 Massachusetts(매사추세츠)에 'Fruitlands'라는 유토피아적인 커뮤니티를 세운 것인데, 불과 7개월 만에 문을 닫게 됩니다. 그 실패는 올콧 가족에게 경제적 타격으로 고스란히 돌아왔죠. 브론슨은 40대에 사실상 제대로 돈을 벌기를 포기했다고 하니, 이 작품이 성공하지 못했다면 올콧 가족은 어떻게 됐을까요?

노파가 말하는 "think over your blessings, and be grateful (너희들이 이미 받은 축복을 떠올려 보고 감사를 드리렴)"이라는 말은 Harriet Beecher Stowe(해리엇 비쳐 스토)의 소설 《Uncle Tom's Cabin(톰 아저씨의 오두막)》에서 Chloe가 Tom에게 한 말 "Tink ob yer marcies, children, tink ob yer marcies.(애들아, 너희가 받은 은총을 떠올려 보렴. 너희가 받은 은총을.)"라는 말을 조금 더 과장해서 쓴 것입니다. 이는 《톰 아저씨의 오두막》이라는 제목만큼이나 유명한 대사이기도 하지요.

엄마가 왜 이런 이야기를 만들어서 들려주는지 딸들은 금방 알아차립니다. 그중에서도 "I don't complain near as much as the others do, and I shall be more careful than ever now.(난 이제부터

다른 사람들이 그러는 것처럼 불평하지 않고 그 어느 때보다도 행동을 조심히 할 거야.)"라고 한 Amy의 말이 참 기특합니다. 그리고 Amy가 실제로 이 약속을 잘 지켜 나가는 모습을 작품의 후반부에서 만나게 됩니다.

작가가 이 장의 제목을 'Burdens(짐)'라고 붙이고, Chloe 아줌마의 말 "Tink ob yer marcies, children, tink ob yer marcies."를 Jo가 흉내 내는 것으로 이 장을 끝내는 이유는 무엇일까요? 바로 작가가 꼭 전달하고 싶은 말이기 때문이죠. 지금 내가 발 디디고 있는 현실이 만족스럽지 않을 때, 엄마가 들려주는 이야기 속 대사처럼 "'If only we had this,' or 'If we could only do that'('이것만 있었다면', 혹은 '저것만 할 수 있다면')" 하는 마음이 들 때마다 "Think of your mercies.(우리가 받은 은총을 떠올려 보렴.)" 이 말을 함께 떠올리면 어떨까요?

*Write a favorite sentence

_____

_____

66

어느 눈 내리는 오후, 낡고 헐렁한 옷을 입고 모자를 쓰고 고무장화를 신은 Jo가 쿵쿵대며 복도를 걸어가자 Meg가 뭘 하려고 하느냐고 묻는다. Jo는 운동이라도 하러 나가려던 참이라고 한다. 그런 Jo에게 Meg는 날이 흐리고 추울 땐 난롯가에서 있는 게 좋지 않으냐고 하지만, Jo는 자신은 모험이 좋다고 말하며 기어코 나가서 쌓인 눈을 치우고 길을 낸다. 이는 해가 나면 인형들에게 바람을 쐬어 줄 Beth를 위해서이기도 했다.

March 자매들의 옆집에는 Laurence 씨가 살고 있었는데, 두 집은 낮은 생울타리로 구분되어 있었다. Jo는 늘 그 집이 궁금했고, 그 집에 사는 'Laurence boy(소년 로런스)'와 친하게 지내고 싶었다. Laurence 역시 방법을 모를 뿐, 친하게 지내고 싶어 하는 눈치였다. 파티에 다녀온 이후 Jo는 그런 마음이 어느 때보다 커졌으나 최근 들어 Laurence가 도통 보이지 않아서 궁금했다. 그러던 어느 날 안색이 좋지 않은 얼굴로 눈을 뭉쳐서 놀고 있는 자매들을 내려다보는 Laurence를 보게 되었고, 언젠가 기회가 되면 할아버지께 말하고 함께 놀아야겠다고 마음먹었던 Jo였다.

그런 생각으로 눈길을 내다가 자연스럽게 옆집에 시선이 머물게 되고, 위층 창가에서 턱을 괴고 밖을 내다보는 곱슬머리 소년, Laurence를 발견한다.

이웃이 된다는 것 1

며칠 동안 보이지 않는 로리가 궁금해진 조는
지루함도 달래고 말도 걸어 볼 겸 로리의 집 앞으로 가서 기척을 해 봅니다.
둘은 무슨 이야기를 나누게 될까요?

"잘 지냈어? 어디 아프니?"

로리가 창문을 열고 갈까마귀처럼 쉰 목소리로 대답했다.

"많이 좋아졌어. 고마워. 지독한 감기에 걸려서 집에 틀어박혀 지낸 지 일주일째야."

"저런. 혼자 뭐 하고 놀아?"

"아무것도 안 해. 지루해 죽겠어."

"책은 안 읽어?"

"별로. 못 읽게 하거든."

"누가 읽어 주면 안 돼?"

"할아버지가 가끔 읽어 주시는데, 내 책이 재미없으시지. 매번 브룩 선생님한테 읽어 달라고 하기도 싫고."

"그럼 누구 오라고 해서 놀면 되겠다."

"부르고 싶은 사람이 없어. 남자애들은 소란을 피워서 머리가 아파."

"책도 읽어 주고 너랑 놀아 줄 상냥한 여자애는 없어? 여자애들은 차분하고 누굴 돌보는 것도 좋아하잖아."

Being Neighborly #1

hoarsely 쉰 목소리로   make a row 소란을 피우다   shoulder 어깨에 메다
flutter 동요, 흥분   have company 방문객이 있다   do honor to ~에게 경의를 표하다
pate 정수리   presently 곧, 이내   announce (손님·탈것의) 도착을 알리다

"How do you do? Are you sick?"

Laurie opened the window, and croaked out as hoarsely as a raven...

"Better, thank you. I've had a bad cold, and been shut up a week."

"I'm sorry. What do you amuse yourself with?"

"Nothing. It's dull as tombs up here."

"Don't you read?"

"Not much. They won't let me."

"Can't somebody read to you?"

"Grandpa does sometimes, but my books don't interest him, and I hate to ask Brooke all the time."

"Have someone come and see you then."

"There isn't anyone I'd like to see. Boys make such a row, and my head is weak."

"Isn't there some nice girl who'd read and amuse you? Girls are quiet and like to play nurse."

"아는 애가 없는걸."

"우리 알잖아." 조는 대답하면서 한차례 크게 웃었다.

"그러네! 그럼 우리 집에 놀러 올래?" 로리가 외쳤다.

"난 그렇게 차분하고 상냥한 애는 아니지만, 엄마가 허락하시면 갈게. 내가 가서 여쭤볼 테니까 넌 창문 닫고 내가 갈 때까지 얌전히 기다리고 있어."

그렇게 말하고 조는 빗자루를 둘러메고, 다들 자기한테 뭐라고 말할지 궁금해하면서 성큼성큼 집으로 걸어갔다. 로리는 친구가 온다는 생각에 들떠서 서둘러 준비를 했다. 마치 부인이 말했듯이 '꼬마 신사'인 로리는 방문하는 손님에 대한 예의를 갖추려고 했다. 곱슬머리를 잘 빗고, 산뜻한 색의 옷을 입고, 하인이 여섯이나 있는데도 전혀 깔끔하지 않은 방을 정돈하려고 애썼다. 곧 초인종이 크게 울리더니, '로리 군'을 찾는 야무진 목소리가 들렸다. 하인이 놀란 표정으로 뛰어 올라와서는 젊은 아가씨가 찾아왔다고 알렸다.

"Don't know any."

"You know us," began Jo, then laughed and stopped.

"So I do! Will you come, please?" cried Laurie.

"I'm not quiet and nice, but I'll come, if Mother will let me. I'll go ask her. Shut the window, like a good boy, and wait till I come."

With that, Jo shouldered her broom and marched into the house, wondering what they would all say to her. Laurie was in a flutter of excitement at the idea of having company, and flew about to get ready, for as Mrs. March said, he was 'a little gentleman', and did honor to the coming guest by brushing his curly pate, putting on a fresh color, and trying to tidy up the room, which in spite of half a dozen servants, was anything but neat. Presently there came a loud ring, then a decided voice, asking for 'Mr. Laurie', and a surprised-looking servant came running up to announce a young lady.

💬 눈 내리는 겨울 오후, 집 안에 있기 지루해진 Jo가 눈이라도 치우겠다며 집 밖으로 나갑니다. 그러다가 자연스레 옆집에 눈길이 가고, Laurie가 궁금해집니다. 혼자 집에 갇혀 지내는 듯 보이는 Laurie가 안타까운 Jo는 눈 뭉치를 던져서 Laurie가 밖을 내다보도록 합니다. 감기가 심해서 나올 수 없었다는 Luarie의 말에 Jo는 마치 스무고개라도 하듯이 이것저것 묻습니다. 잘 돌봐주고 상냥한 여자애가 놀러 오면 좋겠지만, 아는 사람이 없다는 말에 Jo는 대뜸 "You know us.(우리 알잖아.)"라는 말로 Laurie를 놀라게 합니다. 이 말에서 우리는 두 이웃이 그저 'acquaintances(안면이 있는 사람들)' 사이가 아닌 'know(잘 알고 지내는)' 사이가 되었음을 엿볼 수 있습니다.

두 단어에 조금 더 주목해 볼까요? 잘 알고 지내는 사이냐 아니냐의 경계는 확실하지 않죠. 사람마다 마음의 기준도 제각각이니까요. Laurie는 몸이 완전히 회복되지 않은 상태이니 정신없는 남자애들과는 어울리기 싫고, 그렇다고 Jo의 제안대로 자신과 사부작사부작 즐겁게 놀아 줄 여자 친구를 부르자니 딱히 떠오르는 친구가 없었지요. 그때 Jo가 던진 "You know us."란 한마디는 둘이 정말 잘 알고 지내는 사이라서 한 말일 수도 있지만, '이제부터 우리 더 잘 알고 지내 보자.'라는 '초대'의 의미도 지닙니다. 눈을 치우면서 Laurie의 집을 살필 때 Jo는 이미 '혼자 지내는 Laurie가 안타깝다. 우리와 같이 친하게 지내면 참 좋을 텐데.' 하는 마음이 있었습니다. 그리고 먼저 다가서기 어려워하는

Laurie에게 Jo는 아주 적극적으로 손을 내밉니다.

장면 곳곳에서 Jo의 적극적이고 당찬 모습이 잘 드러나는데, 그런 모습을 한 번 더 보여 주는 부분이 있습니다. Jo의 제안을 흔쾌히 받아들이는 Laurie에게 Jo는 "Shut the window, like a good boy, and wait till I come.(창문 닫고 내가 갈 때까지 얌전히 기다리고 있어.)"이라고 말합니다. '어? (그 시대치고) 뭔가 바뀐 듯한데?' 싶은 생각이 들지 않나요? 동화 속에 등장하는 용감한 기사를 떠올려 보세요. 성에 갇혀 있는 공주를 구하러 가는 기사 말이에요. 구하러 가는 사람은 여자인 Jo, 그리고 기사가 올 때까지 얌전히 기다리고 있는 사람은 남자인 Laurie로, 동화에서 보던 성 역할이 바뀌어 있을 뿐, 같은 그림입니다. Jo가 먼저 손을 내밀기만 하는 것이 아니라 어떻게 행동하라고 적극적으로 지시도 내린 것이죠. 그리고 Laurie는 그런 Jo가 싫기는커녕 아주 즐거워하며 기다립니다.

물론, 이를 단순히 여자가 먼저 적극적으로 다가서는 모습으로 볼 수도 있습니다. Jo에게 Laurie는 '꽤 마음에 드는 이웃'이기도 했을 테니까요. 하지만 이어지는 이야기에서 Jo는 Laurie를 위해서 양손 가득 무언가를 챙겨 갑니다. 이를 통해 우리는 Jo가 내미는 손에는 이웃을 진정으로 걱정하고 아끼는 마음이 가득 담겨 있다는 것을 알아챌 수 있지요. 크리스마스 날에 엄마와 언니, 동생들과 직접 체험했던 '이웃 사랑'을 Jo는 일상에서 또 다른 모습으로 실천하고 있네요. 눈을 치우다가 Laurie를 진심으로 걱정하고 Laurie가 정말로 필요한 것은 없는지, 자신이 도와줄 것은 없는지 살피고 적극적으로 다가서는 모습입니다.

작품 속 네 자매, Meg, Jo, Beth, Amy는 독자들에게 성격 유형 모델이 되었다고 해도 과언이 아닙니다. 작품을 읽으면서 '나는 어느 캐릭터와 비슷하지?', '나는 Meg야. 하지만 Jo처럼 살아 보고 싶어.' 이런 생각들을 한 번쯤 하게 됩니다. 마치 요즘 유행하는 MBTI 검사처럼 말이죠. 물론 소설 속 등장인물들은 복합적이고 입체적이기 때문에 딱 하나의 유형으로 단정 지을 수는 없습니다. 하지만 소설 속에서 펼쳐지는 이야기들을 읽어 가면서 점점 이미지가 선명하게 그려지고, 그 이미지에 해당하는 표현으로 연결 지을 수 있게 되죠.

앞으로의 이야기에서 비슷한 Jo의 모습을 계속 만나게 될지, 아니면 Jo의 새로운 면을 보게 될지 궁금해집니다.

*Write a favorite sentence

설레는 마음으로 Jo를 기다리는 Laurie. Jo는 한 손에는 Meg 언니가 만들고 Amy가 장식한 'blanc-mange(블라망주: 우유, 젤라틴, 향료를 넣어 차갑게 굳힌 디저트)'를 들고, Beth가 보낸 새끼 고양이 세 마리와 함께 Laurie의 집에 놀러 온다. 거기에 더해 Jo가 놀라운 솜씨로 방을 정리해 주자 Laurie는 기분이 한껏 좋아지고 Jo에게 고마운 마음이 든다. Jo는 책을 읽어 줄까 했지만, Laurie는 이야기를 나누고 싶어 한다. 그는 March 가족의 집 거실에 커튼이 쳐져 있지 않을 때 자기도 모르게 쳐다본 적이 있다고 털어놓는데, 등불과 벽난로가 켜지고 식탁에 모여든 자매들과 어머니를 보면 그림 속 한 장면 같다고 말한다. 그런 얘기를 하는 Laurie의 얼굴이 외로워 보여서 Jo는 안쓰러운 마음이 들기도 하고, 가족들의 사랑과 행복 속에서 사는 자신이 진정한 부자라는 생각도 한다. 또 기꺼이 그런 사랑과 행복을 나누어 주고 싶다는 마음이 든다.

Jo는 Laurie가 알면 알수록 예의 바른 친구라고 생각하고, 작은 할머니에 대한 웃긴 이야기를 해도 괜찮을 것 같은 생각이 들어 이런저런 이야기들을 해 준다. Laurie는 정말 즐거워하면서 듣는데, 그러다가 Laurie를 진료하러 의사 선생님이 방문한다. Laurie가 진료를 다 받고 돌아온 줄 알았던 Jo가 무심코 어떤 말을 하는데, 그 말을 Laurie의 할아버지가 듣게 된다. Laurence 씨는 자신을 보고도 주눅 들지 않고 자신이 왜 놀러오게 됐는지 설명하는 Jo가 맘에 들어서 차도 마시고 가라고 한다.

이웃이 된다는 것 2

옆집에 사는 소녀 중 한 명인 조를 마주하게 된 로런스 할아버지.
왜 이 집에 놀러 오게 되었는지 설명하는 아이의 모습에서 당차고 솔직한 면을 봅니다.
조의 바람대로 이들은 좋은 이웃이 될 수 있을까요?

"할아버지가 오신 줄 몰랐어요." 이렇게 말하는 로리를 조는 의기양양하게 흘끔 보았다.

"그런 것 같구나. 계단을 그렇게 요란하게 내려오는 걸 보니 말이다. 와서 차 마시자. 신사답게 행동하고." 로런스 씨는 로리의 머리카락을 애정 어린 손길로 살짝 잡아당기며 걸어갔다. 로리가 뒤따라오면서 자꾸 우스꽝스러운 행동을 해서 조는 웃음이 터질 뻔했다.

할아버지는 차를 넉 잔이나 마시는 동안 말을 많이 하시지는 않았지만, 마치 오랜 친구처럼 편하게 수다를 떠는 로리와 조를 지켜보았고 손자가 달라졌다는 것을 눈치챘다. 손자의 얼굴에 혈색이 돌고, 빛이 났으며, 생기가 있었다. 행동에는 활기가 넘쳤고, 웃음에는 진정한 즐거움이 묻어났다.

'조의 말이 맞았구나. 로리는 쓸쓸한 거야. 옆집 자매들이

Being Neighborly #2

give a glance 한번 흘긋 보다 triumphant 의기양양한 caress 애정 표시
vivacity 생기, 활기 merriment 명랑함 poky 시시한 be oneself 자연스럽게 행동하다
conservatory 온실 for one's benefit ~를 위하여

"I didn't know you'd come, sir," he began, as Jo gave him a triumphant little glance.

"That's evident, by the way you racket downstairs. Come to your tea, sir, and behave like a gentleman." And having pulled the boy's hair by way of a caress, Mr. Laurence walked on, while Laurie went through a series of comic evolutions behind their backs, which nearly produced an explosion of laughter from Jo.

The old gentleman did not say much as he drank his four cups of tea, but he watched the young people, who soon chatted away like old friends, and the change in his grandson did not escape him. There was color, light, and life in the boy's face now, vivacity in his manner, and genuine merriment in his laugh.

'She's right, the lad is lonely. I'll see what these little girls

녀석에게 뭘 해 줄 수 있을지 지켜봐야겠군.' 로런스 씨는 이렇게 생각하면서 계속 두 사람을 지켜보고, 오가는 말을 들었다. 로런스 씨는 조가 마음에 들었다. 조의 독특하면서도 솔직한 태도가 그와 잘 맞았다. 그리고 조는 마치 조 자신이 로리인 것처럼 로리를 잘 이해하는 듯했다.

조가 생각할 때 로런스 씨와 로리가 '점잔 빼고 고지식한' 사람들이었다면 잘 어울리지 못했을 것이다. 그런 사람들과 있으면 조는 늘 주눅이 들고 어색했다. 하지만 두 사람은 지나치게 예의를 차리지 않는 편안한 사람들이었다. 덕분에 조 역시 자기 모습 그대로 행동할 수 있었고, 좋은 인상을 남길 수 있었다. 차를 다 마시고 조는 그만 가 보겠다고 자리에서 일어났지만 로리는 조에게 보여 줄 것이 있다면서 온실로 데리고 갔다. 온실은 조를 위해서 불이 켜져 있었다.

온실은 마치 요정이 사는 곳 같았다. 통로를 이리저리 거닐면서 꽃으로 가득한 양 벽면과 은은한 조명, 달콤한 향을 머금은 습한 공기, 그리고 머리 위로 자란 멋진 덩굴과 나무를 한껏 감상했다. 조가 그러는 동안 새로 사귄 친구는 예쁜 꽃을 양손에 가득 담길 만큼 잘라서 끈으로 묶었다. 그러고는 조가 좋아할 만큼 기쁜 표정을 지으면서 말했다. "이 꽃을 어머님께 전해 줘. 어머니가 보내 주신 약이 정말 좋았다고도 말씀드려 주고."

can do for him,' thought Mr. Laurence, as he looked and listened. He liked Jo, for her odd, blunt ways suited him, and she seemed to understand the boy almost as well as if she had been one herself.

If the Laurences had been what Jo called 'prim and poky', she would not have got on at all, for such people always made her shy and awkward. But finding them free and easy, she was so herself, and made a good impression. When they rose she proposed to go, but Laurie said he had something more to show her, and took her away to the conservatory, which had been lighted for her benefit.

It seemed quite fairylike to Jo, as she went up and down the walks, enjoying the blooming walls on either side, the soft light, the damp sweet air, and the wonderful vines and trees that hung about her, while her new friend cut the finest flowers till his hands were full. Then he tied them up, saying, with the happy look Jo liked to see, "Please give these to your mother, and tell her I like the medicine she sent me very much."

💬 심한 감기에 걸려서 방에서만 지내던 손자에게 친구가, 그것도 여자 친구가 놀러 왔다니! 대체 누구인지 궁금하지 않을 할아버지가 있을까요? 손자의 친구와 할아버지가 아주 이상적인 모습으로 만나지는 못했습니다. 할아버지 초상화를 보며 거침없이 생각을 얘기하고 있는데 하필이면 할아버지가 그 말을 듣게 되죠. 그런데 알고 보니 Laurie의 할아버지는 Jo의 외할아버지와 아는 사이였습니다. Jo에게는 그나마 다행이지요?

이 아이가 궁금해진 할아버지는 차를 함께 마시자고 초대합니다. 그리고 달라진 손자의 모습을 보고, 손자에게는 또래와의 교류가 필요하다는 것을 깨닫게 되죠. 이는 'There was color, light, and life in the boy's face now, vivacity in his manner, and genuine merriment in his laugh.(손자의 얼굴에 혈색이 돌고, 빛이 났으며, 생기가 있었다. 행동에는 활기가 넘쳤고, 웃음에는 진정한 즐거움이 묻어났다.)'란 부분에 잘 나타나 있습니다. 'color', 'light', 'vivacity', 'genuine merriment'란 단어들만 봐도 Laurie가 얼마나 Jo와의 시간을 행복하게 누리고 있었는지 떠올릴 수 있습니다.

그렇다면 Jo와 Laurie의 시작은 어떤 관계였을까요? 'But finding them free and easy, she was so herself, and made a good impression.(하지만 두 사람은 지나치게 예의를 차리지 않는 편안한 사람들이었다. 덕분에 조 역시 자기 모습 그대로 행동할 수 있었고, 좋은 인상을 남길 수 있었다.)'이라고 했습니다. 여기서 'free and easy'는 바로 윗줄에 나오는 'prim and poky'와 뚜렷하게 대비되는 특성이죠. 'prim and poky'는 '점잖은 체하고, 꼬치꼬치 캐묻고 불편하게 하는' 사람이라고 할 수 있습니다. Jo는 이런 사람들과 있으면 'shy and awkward(주눅이 들고 어색한)' 기분이 든다고 하죠. 'free and easy'는 그 반대입니다. 괜히 점잖은 체하거나 지나치게 예의를 갖추지 않고, 그렇다 보니 자연스레 상대가 편안한 기분을 느끼게 하는 사람이죠. 이런 이웃을 마다할 사람이 있을까요? March 가족과 Laurence 가족이 좋은 이웃이 되는 건 시간문제처럼 보입니다.

Jo에게 온실을 구경시켜 주면서 Laurie는 Jo에게 양손 가득 들어차는 예쁜 꽃다발을 건넵니다. 그러면서 이렇게 말합니다. "Please give these to your mother, and tell her I like the medicine she sent me very much.(이 꽃을 어머님께 전해 줘. 어머니가 보내 주신 약이 정말 좋았다고도 말씀드려 주고.)" 십 대 소녀였다면 이 부분에서 "꺄~악" 하고 소리를 질렀을지도 모르겠습니다. 그런데 'the medicine she sent(어머니가 보내주신 약)'는 무얼 말하는 걸까요? 혹시 '어머니가 약을 보냈었는데 그 내용을 놓쳤나?'라고 생각하고 있나요? 맛있는 블라망주는 Meg가 만들고 Amy가 화환으로 장식했죠. 새끼 고양이는 Beth가 보냈고요. 그럼 하나가 남네요. 맛있는 디저트도 좋고 고양이도 좋았지만, Laurie에게 있어 무엇보다 좋았던 건 Jo와 얼굴을 보고 두런두런 이야기를 나눈 것이었습니다. 그래서 그렇게 시간을 보낼 수 있도록 허락해 준 Jo의 어머니에게 감사를 표한 것이죠. 그리고 한편으로는 자신에게 없는 어머니에 대한 막연한 그리움을 간접적으로 나타내기도 하고요.

작가는 꽃을 작품에 보일 때 의미에 맞는 꽃을 찾는다고 앞에서 언급한 적이 있습니다. Meg 언니가 만든 블라망주를 Amy가 geranium(제라늄) 꽃으로 꾸민 것처럼 말이죠. 제라늄은 빅토리아 시대에 '우정'을 뜻하는 꽃이었다고 합니다. 그런 의미에서 Laurie와 친하게 지내고 싶은 March 자매들이 디저트를 보내면서 제라늄 꽃으로 장식한 것은 아주 훌륭한 선택이었다고 할 수 있습니다. Laurie가 March 부인에게 전한 꽃이 정확히 무엇이었는지는 알 수 없지만 아마 존경과 감사의 뜻을 지닌 꽃이 아니었을까 추측해 봅니다.

Laurie에게는 그 무엇보다 터놓고 이야기를 나눌 사람이 필요했습니다. 마침내 그런 사람을 찾은 것 같다는 행복감을 그 무엇과 비교할 수 있을까요? 'color', 'light', 'vivacity', 'genuine merriment'라는 단어를 다시 한번 떠올리며 Laurie의 행복한 기분을 느껴 보세요.

*Write a favorite sentence

_____

_____

Jo의 방문 이후 March 자매들과 Laurence 씨네 가족들은 점점 교류가 많아지게 된다. Laurie는 가끔 March 자매들의 집에 와서 이야기를 나누기도 하고, Laurence 씨와 March 부인은 옛이야기들을 나누기도 한다. 하지만 겁이 많은 Beth는 쉽게 다가서지 못한다. March 자매들을 막아서는 하나는 Laurie가 부자라는 사실이었다. 자신들이 답례할 수 없는 호의는 받지 않으려고 했다. 하지만 얼마 후 Laurie가 자매들에게 큰 호의를 받고 있다고 생각한다는 것을 알게 된다.

그 이후로 자매들과 Laurie의 우정은 무럭무럭 자라게 되고, Laurie는 자신의 가정교사인 Brooke 선생님에게도 March 자매들에 대한 이야기를 자주 꺼낸다. 어머니도, 형제자매도 없는 Laurie는 이들과 어울리면서 달라지고, 게으른 자신을 부끄럽게 생각하기도 한다. Brooke 선생님은 Laurie가 공부를 소홀히 하고 사람들에게 관심을 보이자 Laurence 씨에게 걱정하는 말을 한다. 하지만 Laurence 씨는 지금 Laurie에게 필요한 건 친구들과 어울려 즐겁게 놀고 운동하는 거라고 하며 Laurie에게 휴가를 준 셈 치자고 한다.

자매들은 Laurie와 정말 즐겁게 지낸다. 연극을 하고, 그림도 그리고, 스케이트와 썰매를 타며 뛰놀기도 했다. 저녁에는 낡은 응접실에서 유쾌한 시간을 보내기도 하고, 가끔 Laurie네 저택에서 조촐한 파티를 열어 즐기기도 했다. 하지만 Beth는 옆집에 가지 못했다. 그녀가 꿈에 그리던 그랜드 피아노가 있는 곳임에도 선뜻 용기가 나지 않았다. 딱 한 번 Jo와 간 적이 있었는데 겁 많은 Beth의 성격을 잘 모르는 Laurence 씨가 "얘야!"라고 외치자 너무 놀라서 도망가 버린 것이다. 아무리 설득해도 Beth의 두려움은 사라지지 않았다.

그 말을 전해 들은 Laurence 씨가 사태를 수습하려고 나선다. March 자매 집에 건너가 훌륭한 가수와 멋진 오르간 연주 이야기 같은 음악과 관련된 솔깃한 일화를 전하면서 Beth의 관심을 유도한다.

베스가 찾아낸 아름다운 궁전 1

음악 이야기로 자연스럽게 베스가 귀를 기울이도록 하는 로런스 씨.
마치 부인에게 자신의 집에 가끔 와서 피아노를 연주해 줄 사람이 없겠느냐고 묻습니다.
로런스 씨의 바람대로 베스는 다시 그 집에 가게 될까요?

"요즘 로리가 음악을 소홀히 해서 다행이다 싶어요. 점점 음악에 너무 빠져들고 있었거든요. 하지만 아무도 치지 않아서 피아노가 고장이라도 날까 걱정이에요. 따님 중에 누가 건너와서 가끔 피아노를 쳐 줄 수 있을까요? 그냥 음이 잘 맞는지만 봐 주면 되는데요."

베스가 한 걸음 앞으로 나서면서 혹시 손뼉을 치게 될까 봐 두 손을 꼭 맞잡았다. 베스에게는 뿌리치기 힘든 유혹이었다. 그 멋진 피아노를 연주한다는 상상만으로도 숨이 멎을 것 같았다. 로런스 씨는 마치 부인이 대답하기도 전에 살짝 고개를 끄덕이고 묘하게 미소 지으며 말을 이어 나갔다.

"누구랑 마주치거나 이야기를 나눌 필요 없어요. 언제든 와서 연주만 하면 됩니다. 저는 반대편 끝에 있는 서재에 틀어박혀 있고, 로리는 주로 나가 있어요. 하인들은 아홉 시 이후에는 응접실 근처에도 가지 않아요."

그러고는 로런스 씨는 갈 것처럼 자리에서 일어섰다. 그러자

Beth Finds the Palace Beautiful #1

now and then 때때로, 가끔 irresistible 거부할 수 없는 temptation 유혹
splendid 멋진 odd 묘한 study 서재 drawing room 응접실 gratitude 감사
startling 깜짝 놀라게 하는 be obliged to ~를 고맙게 여기다

"The boy neglects his music now, and I'm glad of it, for he was getting too fond of it. But the piano suffers for want of use. Wouldn't some of your girls like to run over, and practice on it now and then, just to keep it in tune, you know, ma'am?"

Beth took a step forward, and pressed her hands tightly together to keep from clapping them, for this was an irresistible temptation, and the thought of practicing on that splendid instrument quite took her breath away. Before Mrs. March could reply, Mr. Laurence went on with an odd little nod and smile...

"They needn't see or speak to anyone, but run in at any time. For I'm shut up in my study at the other end of the house, Laurie is out a great deal, and the servants are never near the drawing room after nine o'clock."

Here he rose, as if going, and Beth made up her mind to

마지막에 제안한 방식이 더할 나위 없이 맘에 들었던 베스가 말을 꺼내기로 마음먹었다. "따님들에게 제가 한 말을 전해 주세요. 혹시 아무도 관심이 없다고 해도 마음 쓰지는 마시고요." 이때 작은 손이 슬그머니 로런스 씨의 손을 잡았다. 베스는 고마운 마음이 가득한 얼굴로 로런스 씨를 올려다봤다. 그러고는 수줍지만, 진심을 담아 말했다.

"로런스 할아버지, 다들 관심이 정말, 정말 많아요!"

"네가 음악을 좋아한다는 아이로구나." 로런스 씨가 이번에는 "얘야!" 같은 베스가 화들짝 놀랄 만한 말은 하지 않고 다정한 눈길로 내려다보며 말했다.

"저는 베스예요. 음악을 정말 좋아해요. 정말 아무도 제 연주를 듣지 않는다면 갈게요. 그리고 제가 방해되지 않는다면요." 베스는 혹시라도 버릇없이 들릴까 봐 마지막 말을 덧붙였고, 이렇게 말을 하는 자신의 대담한 모습에 놀라서 몸이 떨렸다.

"물론이지. 아무도 듣지 않을 거야. 하루 중 반은 집이 비어 있거든. 그러니 와서 마음껏 연주하렴. 그러면 정말 고맙겠구나."

"할아버지는 정말 좋은 분이세요!"

speak, for that last arrangement left nothing to be desired. "Please, tell the young ladies what I say, and if they don't care to come, why, never mind." Here a little hand slipped into his, and Beth looked up at him with a face full of gratitude, as she said, in her earnest yet timid way...

"Oh sir, they do care, very very much!"

"Are you the musical girl?" he asked, without any startling "Hey!" as he looked down at her very kindly.

"I'm Beth. I love it dearly, and I'll come, if you are quite sure nobody will hear me, and be disturbed," she added, fearing to be rude, and trembling at her own boldness as she spoke.

"Not a soul, my dear. The house is empty half the day, so come and drum away as much as you like, and I shall be obliged to you."

"How kind you are, sir!"

💬 Laurence와 March, 두 집안이 본격적으로 가까워지고 있습니다. Laurie가 옆집 자매들과 자주 어울리며 생기를 되찾아 가는 모습을 보고 손자에게 진짜 필요했던 것은 이것이었다는 것을 확인하는 Laurence 씨죠. 하지만 할아버지의 큰 목소리에 놀란 Beth는 여전히 용기를 내지 못하고 있지요. 오늘 장면은 그걸 수습하고자 하는 Laurence 할아버지의 섬세한 노력이 돋보입니다. 손자보다 어린 소녀가 자기의 말투에 놀랐다고 한들 신경 쓰지 않을 수도 있을 텐데, Laurence 할아버지는 Beth가 관심을 가질 만한 음악 이야기를 꺼내면서 자연스럽게 아이에게 맞는 '눈높이 대화'를 시도합니다.

《작은 아씨들》에서 Beth는 'shyness'의 대명사입니다. Beth는 '숫기 없고 겁이 많은' 아이로 그려지는데요, 약점이라면 약점 이라고 할 수 있지요. March 자매들은 자신이 가진 성격적인 약점을 극복해 나가야 하는 임무가 있습니다. 그것이 《천로역정》의 이야기 속에서 'Castles in the Air(천상낙원)'에 이르는 길이죠. 다른 자매들이 볼 때는 아무것도 아닌 일이지만, Beth에게는 큰 산을 넘는 일입니다. 그 산을 'Lion'이라고 표현하고 있습니다.

《천로역정》의 주인공 Christian은 하룻밤 묵어갈 생각으로 궁전으로 향하는데, 그곳이 바로 이 장의 제목인 'Palace Beautiful (아름다운 궁전)'입니다. 지친 순례자가 쉬어 갈 수 있는 '쉼의 장소'죠. 얼마 가지 않아 조그만 길로 접어드는데, 그곳에는 문지기가 사는 작은 오두막집이 있었습니다. 자세히 보니 좁은 길 양쪽으로 사자 두 마리가 누워서 길을 막고 있지 않겠어요? 겁을 먹고 선뜻 길을 지나지 못하는 Christian에게 문지기인 Watchful(경계)은 말합니다.

"Is thy strength too small? fear not the Lions, for they are Chained; and are placed there for trial of faith where it is; for discovery of those who have none: keep in the midst of the Path, and no hurt shall come unto thee."

(그렇게 용기가 없으십니까? 사자들은 사슬에 매여 있으니 무서워하실 필요가 없습니다. 믿는 자들의 신앙을 시험해 보고 믿지 않는 자들을 가려내기 위해 사자들을 거기에 매어 둔 것입니다. 길의 한가운데로 오시면 아무 상처도 입지 않고 안전하게 지날 수 있을 겁니다.)

길을 가다가 Christian처럼 느닷없이 사자를 만나게 된다면 어떨까요? 물론 사자는 사슬에 매여 있습니다. 사자 때문에 돌아선다면 내가 향하고자 하는 곳엔 영영 다다를 수 없습니다. Christian은 문지기의 말을 믿고 한가운데로 갈 것인지, 아니면 앞서 이곳을 지나려다가 겁을 먹고 돌아섰던 Mistrust(불신)와 Timorous(겁쟁이)처럼 돌아설 것인지를 선택해야 합니다. Beth의 상황도 Christian과 비슷하다고 할 수 있습니다.

Laurence 씨네 집에 그랜드 피아노가 있다는 것을 알면서도

'두려움'과 '소심함'이라는 사자를 뛰어넘지 못하고 있는 Beth였죠. 본문에 나온 대로 'the thought of practicing on that splendid instrument quite took her breath away(그 멋진 그랜드 피아노를 연주한다는 상상만으로도 숨이 멎을 것 같았다)'라고 생각하는 아이 임에도 불구하고 말이죠. 두려워하는 Beth에게 조심스레 다가 가는 Laurence 할아버지의 모습은 참으로 감동적입니다. 《천로 역정》에서 Christian에게 "fear not the Lions, for they are Chained;(사자를 두려워하지 마세요. 그들은 매여 있어요.)"라고 말하는 문지기 Watchful의 모습과 겹쳐지기도 합니다.

끝내 사자를 뛰어넘지 못하고 돌아선 이들의 이름은 Mistrust (불신)와 Timorous(겁쟁이)였습니다. 옆에서 아무리 할 수 있다고 말해 줘도 결국 무서운 사자들을 지나가야 하는 건 자기 자신입니다. 내 안에서 끊임없이 나 자신을 믿지 못하고 겁을 내면 결국은 아무것도 해내지 못합니다. 그럴 때마다 문지기 Watchful의 말을 떠올리면 어떨까요. 혹은 누군가에게 내가 Laurence 할아버지 같은 문지기가 되어 줄 수도 있습니다. 할아버지의 초대에 Beth가 용기를 내고 할아버지의 손을 잡게 되는 것처럼요.

사자가 당장이라도 나를 집어삼킬 듯이 으르렁댈 때마다 떠올려 봅니다.

"fear not the Lions, for they are Chained;"

(사자를 두려워하지 마세요. 그들은 매여 있어요.)

*Write a favorite sentence

_____

_____

    Laurence 할아버지의 배려와 가족들의 응원에 힘입어 Beth는 드디어 피아노 연주를 하러 옆집으로 건너가게 된다. 거의 매일 울타리를 넘어서 연주를 하러 갔다. 하지만 Beth는 Laurence 할아버지가 옛 곡들을 들으려고 서재의 문을 자주 열어 놓는다는 것을 몰랐고, 하인들이 들어가지 못하도록 Laurie가 보초를 선다는 것도 몰랐다. 그리고 받침대에 놓인 연습용 악보집과 새로운 악보가 자신을 위한 것인 줄은 꿈에도 몰랐다.

    Beth는 감사한 마음을 담아 Laurence 할아버지께 선물로 실내화를 만들어 드리고 싶다고 했고, 엄마는 Beth가 무언가를 부탁하는 일이 거의 없기에 유난히 기뻐했다. 진보라색 바탕에 화사한 pansy 무늬가 그려진 천을 골랐고, 바느질도 열심히 했다. Beth는 손이 빠르고 바느질을 잘해서 오래 걸리지 않았다. Beth는 짧은 쪽지를 썼고, Laurie의 도움을 받아 할아버지가 일어나시기 전에 서재 탁자에 선물을 몰래 가져다 놓았다.

    하루가 지나고 그다음 날이 되어도 아무런 소식이 없자 Beth는 불안해지기 시작했다. 혹시라도 자신이 Laurence 할아버지의 기분을 상하게 한 게 아닌지 걱정됐다. 이튿날 심부름을 하고 늘 그러듯이 인형에게 바람을 쐬어 주려 외출을 했다 돌아왔다. 응접실에서 Beth를 본 언니들이 반갑게 손을 흔들며 불렀다. Laurence 할아버지가 보낸 편지와 선물이 도착해 있다는 얘기를 들은 Beth는 잔뜩 긴장한 채 걸음을 재촉했다.

응접실에 가 보니 작은 업라이트 피아노가 있었고, 반짝이는 뚜껑 위에는 'Elizabeth March 양에게'라고 적힌 편지가 놓여 있었다. Beth는 Jo 언니에게 편지를 대신 읽어 달라고 부탁하는데….

Day 10

베스가 찾아낸 아름다운 궁전 2

옆집 로런스 할아버지에게서 편지와 피아노 선물을 받은 베스는
너무 떨려서 편지를 직접 읽지 못하고 조 언니에게 대신 읽어 달라고 합니다.
편지에는 무슨 내용이 적혀 있을까요?

편지를 펼친 조는 첫 문장을 보고 웃음을 터뜨렸다.

"친애하는 아가씨, 마치 양에게"

"정말 근사하다! 나도 누가 이렇게 편지를 써 줬으면!"
고풍스러운 느낌이 나는 인사말이 우아하다고 느끼는 에이미가
말했다.

*"평생 많은 실내화를 신어 봤지만 마치 양이 보내 준 것처럼 잘
맞는 건 처음이었어요."* 조가 편지를 계속 읽어 나갔다.
*"야생 팬지는 내가 가장 좋아하는 꽃이랍니다. 실내화를 볼
때마다 이걸 선물해 준 다정한 마치 양이 떠오를 겁니다. 그 마음에
보답하고 싶군요. 이 노신사가 세상을 떠난 손녀의 물건을 보내니
받아 주리라 믿어요. 진심으로 고맙고 행운을 빕니다.*

Beth Finds the Palace Beautiful #2

Jo opened the paper and began to laugh, for the first words she saw were...

"Miss March: "Dear Madam—"

"How nice it sounds! I wish someone would write to me so!" said Amy, who thought the old-fashioned address very elegant.

"'I have had many pairs of slippers in my life, but I never had any that suited me so well as yours,'" continues Jo.

"'Heart's-ease is my favorite flower, and these will always remind me of the gentle giver. I like to pay my debts, so I know you will allow 'the old gentleman' to send you something which once belonged to the little grand daughter he lost. With hearty thanks and best wishes, I remain

"베스, 이건 너무나 자랑스럽고 영광스러운 일이 틀림없어! 로리가 얘기해 줬거든. 로런스 할아버지가 세상을 떠난 손녀를 얼마나 예뻐했었는지. 손녀의 물건 하나하나를 얼마나 소중히 간직해 왔는지. 생각해 봐. 그런 할아버지가 손녀의 피아노를 너에게 주시다니. 베스 네가 손녀처럼 눈이 크고 파랗고, 음악을 좋아하기 때문이지." 조는 그렇게 말하면서 그 어느 때보다 들떠서 떨고 있는 베스를 진정시키려 했다.

"정교하게 잘 만들어진 등불 받침이랑 근사한 초록 실크 덮개 좀 봐. 덮개는 가운데에 주름을 잡고 황금 장미 장식을 달았어. 악보 받침이랑 의자도 예쁘다. 모든 게 완벽해." 메그가 피아노 뚜껑을 열어서 아름다운 모습을 보여 주며 말했다.

"'충실한 종 제임스 로런스'라니. 언니한테만 그런 말을 썼다는 걸 생각해 봐. 친구들한테 말해 줘야지. 정말 멋지다고 생각할 거야." 편지에 깊이 감명받은 에이미가 말했다.

"한번 쳐 봐요, 베스. 요 어여쁜 피아노 소리 좀 들어 보자고요." 가족의 기쁨과 슬픔을 늘 함께하는지 해나가 말했다.

베스가 피아노를 연주하자 모두 이제껏 들어 본 중 가장 아름다운 소리라고 했다. 새로 조율하고 말끔하게 정비한 게

'Your grateful friend and humble servant,

'JAMES LAURENCE'."

"There, Beth, that's an honor to be proud of, I'm sure! Laurie told me how fond Mr. Laurence used to be of the child who died, and how he kept all her little things carefully. Just think, he's given you her piano. That comes of having big blue eyes and loving music," said Jo, trying to soothe Beth, who trembled and looked more excited than she had ever been before.

"See the cunning brackets to hold candles, and the nice green silk, puckered up, with a gold rose in the middle, and the pretty rack and stool, all complete," added Meg, opening the instrument and displaying its beauties.

"'Your humble servant, James Laurence'. Only think of his writing that to you. I'll tell the girls. They'll think it's splendid," said Amy, much impressed by the note.

"Try it, honey. Let's hear the sound of the baby pianny," said Hannah, who always took a share in the family joys and sorrows.

So Beth tried it, and everyone pronounced it the most remarkable piano ever heard. It had evidently been newly

틀림없었다. 피아노 자체만으로도 완벽했지만, 더 멋진 이유는 베스가 아름다운 흑백 건반을 사랑스럽게 두드리며 반짝이는 페달을 밟는 동안 피아노 위로 몸을 숙이고 음악을 감상하는 가족들의 더없이 행복한 표정 때문이었다.

tuned and put in apple-pie order, but, perfect as it was, I think the real charm lay in the happiest of all happy faces which leaned over it, as Beth lovingly touched the beautiful black and white keys and pressed the bright pedals.

💬 Beth에게 있어 무엇이 뛰어넘어야 할 큰 산이었는지 기억하실 거예요. 바로 극도로 수줍어하고 겁이 많은 자신의 성격이지요. 자칫하면 그저 '어마어마하게 무서운 옆집 할아버지'로 남을 뻔한 Laurence 할아버지와 가까워지는 계기는 바로 '음악'이었습니다. 할아버지의 세심한 배려 덕분에 용기를 낸 Beth가 연주하러 옆집을 드나들기 시작했고, 결국 멋진 선물을 받기에 이르렀습니다.

할아버지의 편지에서 "Heart's-ease is my favorite flower(야생 팬지는 내가 가장 좋아하는 꽃이랍니다)" 하고 언급된 부분이 있습니다. 'heart's-ease'는 pansy의 다른 이름인데요, 특히 wild pansy(야생 팬지)를 지칭합니다. '삼색제비꽃'이라도 불리는 이 꽃이 빅토리아 시대에 의미하는 바는 'loving thoughts(다정한 마음)'이었다고 해요. 또한 '수줍음이 많은 사람'을 의미하기도 했고요. 속마음은 그 누구보다 따뜻한데 수줍음이 많고 말수가 적은 Beth가 겨우 마음의 문을 열고 할아버지를 위해 준비하는 선물에 수 놓을 꽃으로 이보다 더 제격인 꽃이 있을까요? 이 꽃을 적절하게 등장시킨 작가의 위트가 다시 한번 돋보입니다.

이 장면에서 또 하나 눈여겨볼 부분은 격조(?) 있는 편지글입니다. 왜 첫 문장부터 Jo가 웃음을 터뜨리고, 왜 Amy가 친구들에게 말하겠다고 했을까요? 손녀뻘인 Beth에게 얼마든지 가볍게 쓸 수 있었음에도 Laurence 할아버지는 그러지 않습니다. 오히려 제대로 예의를 갖춰서, 다 자란 숙녀에게 쓰듯이 적었죠.

"Miss March: "Dear Madam—(친애하는 아가씨, 마치 양에게)"
이렇게 첫 부분을 시작하더니 'Your grateful friend and humble
servant(당신에게 감사해하는 벗이자 충실한 종)'라는 말로 마무리까지
완벽하게 합니다. '할아버지'라고 불릴 나이의 노신사가 손녀뻘인
이웃집 소녀에게 이렇게나 격식을 갖춰서 쓰다니요!

그런데 여기에는 하나의 의미가 더 담겨 있습니다. 단지
'할아버지가 너무나 예의 바른 사람이라서 그렇구나' 생각할
수도 있지만, 작품 전체를 놓고 보면 중요한 의미가 하나 더
있습니다. 작품 속에서 Laurence가는 소위 '상류층'이라고 부를
수 있는 가문으로, March가와 상대적으로 형편이 크게 차이 나는
집안이지요. 그런데 작품 속에서 Laurence가는 단지 물질적으로
풍족하기만 한 것이 아니라, 상류층의 '품격'을 보여 주는 기능을
하고 있습니다. 부를 가진 가문으로 자신들의 이익만 채우는 것이
아니라 늘 이웃에게 열려 있고, 도움이 필요한 곳에 손을 내밀기를
주저하지 않습니다.

손녀딸이 떠올라서 피아노를 치러 오라고 Beth를 초대하긴
했지만, 사실 그 피아노는 다른 사람에게 선물하기엔 너무나
소중한 물건입니다. 그 의미를 알기에 편지를 다 읽은 Jo가 "that's
an honor to be proud of(이건 너무나 자랑스럽고 영광스러운
일이야)"라고 외친 것이죠. 물질적으로 풍족하지 않아도 가족 간의
사랑이 넘치는 March가 사람들, 단순히 부유하기만 한 것이 아니라

그에 걸맞은 품격을 지닌 Laurence가 사람들의 모습은 남북전쟁으로 어려웠던 시기에 많은 독자에게 큰 위안이 되었을 법합니다.

마지막 부분에 'I think the real charm lay in the happiest of all happy faces which leaned over it, as Beth lovingly touched the beautiful black and white keys and pressed the bright pedals.(더 멋진 이유는 베스가 아름다운 흑백 건반을 사랑스럽게 두드리며 반짝이는 페달을 밟는 동안 피아노 위로 몸을 숙이고 음악을 감상하는 가족들의 더없이 행복한 표정 때문이었다.)'라고 했지요. 그 피아노를 더욱 빛나게 하는 건 가족들의 행복한 표정이었답니다. 이제껏 들어본 중 가장 아름답고 완벽한 피아노 선율에 맞춰 노래를 부르는 목소리는 마치 천사의 목소리 같았을 거예요.

물질적으로는 부족할 게 없지만 늘 마음 한구석이 쓸쓸했던 Laurie에게는 아마 그 무엇보다도 이런 모습이 가장 부럽지 않았을까요? 그리고 그저 '유품'으로만 남아 있던 손녀의 피아노가 아름다운 선율로 되살아나는 순간, Laurence 할아버지는 세상 그 누구보다 행복했으리라 짐작해 봅니다.

*Write a favorite sentence

세상에서 가장 행복한 선물을 받은 Beth는 한걸음에 Laurence 할아버지에게 달려가서 감사의 인사를 전한다. 그런 Beth의 모습을 보며 가족들은 적잖이 놀란다.

한편, Amy는 어느 날 Meg 언니에게 돈이 필요하다고 한다. 자초지종을 묻는 언니에게 Amy는 요즘 학교에서 입에 넣고 빨아 먹는 라임 피클이 유행이라고 말한다. 쉬는 시간에 연필이나 구슬 반지 같은 것하고 교환하기도 하고, 좋아하는 친구와는 나눠 먹지만, 싫어하는 친구에게는 나눠 주지 않고 그 앞에 가서 보란 듯이 먹기도 한다고 말한다. 돌아가면서 라임을 사는데 자신은 그동안 얻어먹기만 하고 한 번도 사지 않아서 이번엔 꼭 사야 한다고 조른다. Meg는 친구들에게 진 빚이 얼마인지 묻고, Amy는 25센트면 충분하다고 한다.

다음 날 Amy는 라임 피클을 들고 학교에 간다. 갈색 종이로 싼 축축한 꾸러미를 책상에 넣어 두기 전에 자랑하고 싶은 유혹을 참기 어려웠다. 몇 분 지나지 않아 Amy가 맛있는 라임 피클을 스물네 개 가져왔으며 친한 친구들에게 그걸 나눠 줄 거라는 소문이 순식간에 퍼졌고, 엄청난 관심이 Amy에게 집중된다. 친구들이 저마다 Amy에게 친한 체를 했는데 그중에는 Jenny Snow도 있었다. Jenny는 그동안 라임을 사지 못하는 Amy를 못되게 비웃었고, Amy 역시 Jenny의 기를 죽이는 쪽지를 보내면서 둘 사이의 앙금이 커졌다. 게다가 그날 아침에 유명한 사람이 학교에 와서 Amy의 그림을 칭찬했는데, 이에 우쭐해진 Amy는 잘난 체를 했고 그 모습이 못마땅했던 Jenny는 Amy를 향한 복수심에 불타고 있던 차였다.

Davis 선생님은 이미 라임 피클을 금지품으로 정하고, 이 규칙을 맨 처음 어기는 사람은 모두가 보는 앞에서 체벌을 받게 될 거라고 경고한 터였다. Amy에게 복수할 기회만 엿보던 Jenny는 그날따라 Davis 선생님이 유난히 신경질적이고 예민해 보이자 Amy가 라임을 가져왔다고 고자질하기 좋은 날이라고 생각한다. Jenny의 예상은 정확히 맞았고, 선생님은 Amy를 앞으로 나오라고 한다.

Day 11

굴욕의 골짜기에 떨어진 에이미

친구들에게 진 빚을 갚기 위해
메그 언니를 졸라 라임 피클을 사서 학교에 들고 간 에이미.
라임 피클을 금지품으로 정한 선생님의 눈을 피해 무사히 즐길 수 있을까요?

"너희들, 내가 일주일 전에 한 말을 기억하겠지. 이런 일이 생겨서 안타깝지만, 난 내가 세운 규칙이 짓밟히는 건 허락할 수 없다. 나는 내가 한 말은 반드시 지켜. 마치 양, 손을 내밀어."

에이미는 가슴이 철렁해서 양손을 뒤로 숨기고 애원하는 표정으로 선생님을 쳐다봤다. 말이 제대로 나오지 않아서 이렇게 하는 게 더 호소력이 있을 것 같았다. 에이미는 '데이비스 할아버지'라는 별명으로 불리는 선생님이 아끼는 제자였기 때문에 화가 난 어느 학생이 '쳇' 소리를 내지만 않았다면 선생님은 마음을 바꿨을지도 모른다. 하지만 아주 작게 들린 '쳇' 소리가 화를 잘 내는 선생님의 신경을 건드렸고, 에이미의 운명을 결정했다.

"마치 양, 손 내밀라니까!" 에이미의 말 없는 호소에 돌아온 대답은 이것뿐이었다. 자존심이 강한 에이미는 울거나 빌지 않았다. 이를 악물고, 고개를 도전적으로 꼿꼿하게 든 채로 작은 손바닥을 따끔하게 몇 대 맞는 동안 꼼짝하지 않았다. 많이

Amy's Valley of Humiliation

infringe 위반하다 imploring 애원하는 irrepressible 억제할 수 없는 vent 표출
irascible 성을 잘 내는 culprit (문제를 일으킨) 장본인 beseech 애원하다
defiantly 도전적으로 flinch 움찔하다 tingling 얼얼한 ignominious 수치스러운

"Young ladies, you remember what I said to you a week ago. I am sorry this has happened, but I never allow my rules to be infringed, and I never break my word. Miss March, hold out your hand."

Amy started, and put both hands behind her, turning on him an imploring look which pleaded for her better than the words she could not utter. She was rather a favorite with 'old Davis', as, of course, he was called, and it's my private belief that he would have broken his word if the indignation of one irrepressible young lady had not found vent in a hiss. That hiss, faint as it was, irritated the irascible gentleman, and sealed the culprit's fate.

"Your hand, Miss March!" was the only answer her mute appeal received, and too proud to cry or beseech, Amy set her teeth, threw back her head defiantly, and bore without flinching several tingling blows on her little palm. They were

맞지도, 아주 세게 맞지도 않았지만 그건 중요하지 않았다. 에이미는 태어나서 처음 매를 맞았기 때문에 선생님이 자신을 때려눕히기라도 한 듯한 강한 수치심을 느꼈다. "이제 쉬는 시간이 될 때까지 교단에 서 있도록." 일단 시작했으니 끝까지 벌을 주기로 마음먹은 데이비스 선생님이 말했다.

정말 끔찍한 시간이었다. 자리로 돌아가서 에이미를 불쌍히 여기는 친한 친구들이나, 사이가 좋지 않은 몇몇 친구들의 고소해하는 얼굴을 보는 것도 벌서기만큼 괴로웠을 것이다. 하지만 수치스러운 일을 당하자마자 이렇게 벌을 서며 반 아이들 전체를 마주 보는 일은 견딜 수 없었다. 에이미는 그 자리에 그대로 쓰러져 심장이 터지도록 울고 싶었지만, 이 벌이 부당하다는 억울함과 제니 스노우에 대한 분노로 버틸 수 있었다. 굴욕적인 자리에 선 에이미는 바다처럼 펼쳐진 아이들의 얼굴 위쪽에 있는 난로 굴뚝만 뚫어지게 쳐다보며 하얗게 질린 얼굴로 꼼짝도 하지 않았다. 아이들은 앞에 서 있는 에이미의 애처로운 모습에 공부하기가 어려웠다.

neither many nor heavy, but that made no difference to her. For the first time in her life she had been struck, and the disgrace, in her eyes, was as deep as if he had knocked her down. "You will now stand on the platform till recess," said Mr. Davis, resolved to do the thing thoroughly, since he had begun.

That was dreadful. It would have been bad enough to go to her seat, and see the pitying faces of her friends, or the satisfied ones of her few enemies, but to face the whole school, with that shame fresh upon her, seemed impossible, and for a second she felt as if she could only drop down where she stood, and break her heart with crying. A bitter sense of wrong and the thought of Jenny Snow helped her to bear it, and, taking the ignominious place, she fixed her eyes on the stove funnel above what now seemed a sea of faces, and stood there, so motionless and white that the girls found it hard to study with that pathetic figure before them.

☺ March가의 귀염둥이 막내 Amy가 길고 힘든 하루를 보내는 장면입니다. 친구들은 매일 라임을 들고 와도 이제껏 선생님께 걸리지 않았는데, 하필 자기가 라임을 들고 간 첫날에 운 나쁘게 걸리다니요! 물론 이 사건의 배후엔 Amy를 향해 복수심을 불태우던 Jenny Snow라는 친구가 있었지만요. 혹시라도 그냥 봐주시지 않을까 기대하던 Amy의 예상을 깨고 Davis 선생님은 "Miss March, hold out your hand.(마치 양, 손을 내밀어.)" 하고 단호하게 말씀합니다. 놀란 Amy는 'put both hands behind her, turning on him an imploring look(양손을 뒤로 숨기고 애원하는 표정으로 선생님을 쳐다봤다)'해 보지만 소용없었죠. Amy는 결국 손바닥을 맞게 됩니다.

Amy가 다른 아이들이 다 보는 앞에서 손바닥을 맞는 장면을 보면서 자연스레 '체벌'로 생각이 옮아갑니다. 요즘 우리나라 학교에서도 체벌을 금지하고 있죠. 하지만 그리 오래된 일은 아닙니다. 이 작품이 발표된 시대에 미국 역시 학교에서의 체벌이 공공연히 이루어졌음을 미루어 알 수 있습니다.

당시에도 체벌에 관한 의견은 분분했다고 합니다. '때려서라도 가르쳐야 교육이 된다.'와 '체벌은 아이들의 교육에 도움이 되지 않는다.'는 입장이 팽팽했던 것이죠. 자신이 세운 학급 규칙이 철저히 지켜지지 않는 것에 화가 난 선생님은 전자의 주장을 대변하며 본보기를 보입니다. 태어나서 처음 맞아 보는 Amy의 정신적 충격을 작가는 'the disgrace was as deep as if he had knocked her down.(선생님이 자신을 때려눕히기라도 한 듯한 강한 수치심을 느꼈다.)'이라고 표현했습니다. Amy에게는 이 체벌의 강도가 단순히 '손바닥 몇 대'가 아니었다는 것이지요.

이 모든 사건의 발단은 'pickled limes(라임 피클)' 때문이 었습니다. 라임 피클은 학교에서 '비공식적인 화폐'로 통하고 있었지요. 라임 피클을 가진 친구에게 자기 물건 중 하나를 주고 바꿔 먹는 식으로 말입니다. 친한 친구에게 늘 얻어먹기만 하던 Amy가 라임 피클을 사기 위해서 Meg 언니를 졸라 25센트를 받는 장면이 오늘의 장면 앞에 나옵니다. 라임 피클은 West Indies (서인도제도)에서 전해졌다고 하는데요, 이 당시에 New England States(뉴잉글랜드주)에서 가치가 컸다고 합니다. 이때 유행하던 라임 피클을 만드는 법이 현대의 요리책에서도 어렵지 않게 찾아볼 수 있습니다. 그런데 예나 지금이나 학교에서는 늘 유행하는 무언가가 있기 마련인가 봅니다.

앞에서도 그랬듯이 이 장의 제목도 의미가 있습니다. 《천로역정》 을 보면 주인공 Christian이 먼저 'the Valley of Humiliation(굴욕의 골짜기)'을 지나고, 그를 뒤따라 순례에 나선 부인도 같은 곳을 지나게 됩니다. 이들은 다 지나오고 난 후에 배우게 되지요. 많은 사람이 이 골짜기를 겁내지만 사실은 자신이 만들어 낸 것일 뿐이고, 실제로 그 골짜기는 까마귀가 많이 날아다니는 먹을 게 많은 장소였다는 것을요. Amy도 Christian처럼 굴욕의 골짜기를 지나게 됩니다. 자존심 강한 아이가 손바닥을 맞은 것도 모자라서 'stand on the platform till recess(쉬는 시간이 될 때까지 교단에 서 있어라)'라는 벌까지 받다니 얼마나 창피했을까요?

자초지종을 들은 언니들은 자신들의 일인 양 분노하고, 엄마인 March 부인 역시 선생님이 아이들의 행동을 바로잡은 방식에는 아쉬움을 표합니다. 하지만 Amy가 겸손함을 잃고 있다고 판단하고 조언을 하지요. 거슬러 올라가면 Jenny Snow라는 친구가 질투심에 불타게 된 데에는 Amy의 도가 지나친 잘난 체가 원인이 되기도 했으니까요. 굴욕의 골짜기에 떨어져서 인생 최대의 시련(?)을 겪은 Amy는 가족들의 위로와 애정 어린 조언을 들으면서 마음을 가라앉힙니다. 그렇게 Amy는 재능이 있어도 우쭐대지 않고, 겸손함을 잃지 않는 게 어떤 건지 배우게 됩니다.

혹시 내가 지금 굴욕의 골짜기를 지나고 있다는 생각이 든다면, 이것만 기억하세요. 그 골짜기가 Amy에게 결국은 약이 되었다는 것을요.

*Write a favorite sentence

쉬는 시간이 되어 자리로 돌아온 Amy는 분노에 차서 자기 물건들을 챙겨 들고 집으로 돌아온다. 학교에서 있었던 일을 얘기하자 언니들은 저마다의 방법으로 Amy를 위로한다. Meg 언니는 손바닥에 글리세린을 발라 주었고, Jo 언니는 선생님을 당장 체포해야 한다고 목청을 높였다. 엄마는 별다른 말 없이 상처받은 막내딸을 위로한다.

단호한 표정으로 학교에 간 Jo는 수업이 끝나기 직전 Davis 선생님을 찾아가서 어머니의 편지를 전하고, 남은 Amy의 물건을 마저 챙겨서 돌아온다. 엄마는 선생님의 체벌에 반대한다고 하며 아빠와 상의한 후에 필요하다면 전학을 하겠다고 한다. 그 말에 한껏 고무된 Amy가 라임 피클을 먹지 못한 데 대한 아쉬움을 말하자, 엄마는 그 점은 별로 안타깝지 않다고 한다. 그러면서 Amy가 점점 우쭐대고 거만해지는 것에 대해서 진지하게 조언을 건네며, 모든 재능 중에 가장 막강한 건 겸손함이라고 말한다.

어느 토요일 오후, 방으로 들어온 Amy는 언니들이 무언가 자기에게 숨기는 게 있는 듯한 분위기를 감지하고 호기심이 발동해 무슨 일이냐고 묻는다. 하지만 "애들은 몰라도 된다."는 Jo 언니의 말에 자존심이 상하고, 어떻게든 알아내겠다고 결심한 Amy는 Meg 언니에게 다가가서 구슬리듯이 물어봤지만 소용이 없다. 하지만 Amy는 결국 언니들이 Laurie 오빠와 연극을 보러 간다는 것을 알게 되고, 자기도 제발 데려가 달라고 애원한다. 그러나 우는 Amy를 두고 끝내 언니들과 Laurie만 연극을 보러 가고, Amy는 Jo 언니가 오늘 일을 후회하도록 해 주겠다며 분노에 찬 다짐을 한다.

Jo는 연극을 보면서도 이따금 Amy가 생각나서 마음 한구석이 씁쓸했다. 둘 다 성격이 급하고 화를 냈다 하면 참지 못하고 쉽게 폭발하는 것을 알기 때문에, 어떻게 후회하도록 해 주겠다는 것인지 궁금하기도 했다.

Meg와 Jo가 집으로 돌아왔을 때 Amy는 응접실에서 책을 읽고 있었다. Jo는 방으로 올라가자마자 책상 쪽을 살펴본다. 지난번에 싸웠을 때 Amy가 Jo의 책상 맨 위 서랍을 바닥에 뒤엎어서 분풀이를 했기 때문이다. 별다른 게 눈에 띄지 않아서 Jo는 Amy가 자신을 용서하고 잊어버렸다고 결론 내리지만, 곧 이는 커다란 착각이었음을 알게 된다.

Day 12

악마 아폴리온을 만난 조 1

에이미가 자신을 용서했다고 생각한 조.
하지만 이내 엄청 충격적인 사실을 발견하게 됩니다.
대체 무슨 일일까요?

하지만 조의 판단은 틀렸다. 다음 날 조는 한바탕 폭풍우를 몰고 올 만한 일을 알게 되었다. 늦은 오후 메그, 베스, 에이미가 함께 앉아 있는데 조가 벌컥 들어왔다. 잔뜩 흥분한 표정으로 가쁜 숨을 몰아쉬며 따져 물었다. "내가 쓴 소설 누가 가져갔어?"

메그와 베스는 놀란 얼굴로 즉시 아니라고 대답했다. 에이미는 모닥불만 들쑤실 뿐, 아무 말이 없었다. 에이미의 얼굴이 벌게지는 것을 본 조는 곧장 에이미에게 다가가 따져 물었다.

"에이미, 네가 가져갔구나!"

"아닌데."

"그럼 어디 있는지는 아는구나!"

"아니, 몰라."

"거짓말하지 마!" 조가 소리치면서 에이미의 어깨를 잡고 흔들었다. 조의 험악한 표정은 에이미보다 더 용감한 아이라고 해도 겁먹을 만했다.

"거짓말 아니야. 내가 안 가져갔고, 지금 어디 있는지도 몰라. 알

Jo Meets Apollyon #1

tempest 폭풍우, 대소동 poke (묻힌 불 등을) 쑤셔 돋우다
fib 거짓말 fierce 험악한 kindle 타오르다 clutch 꽉 움켜잡다
chatter (이를) 딱딱 맞부딪치다 wicked 못된

There Jo was mistaken, for next day she made a discovery which produced a tempest. Meg, Beth, and Amy were sitting together, late in the afternoon, when Jo burst into the room, looking excited and demanding breathlessly, "Has anyone taken my book?"

Meg and Beth said, "No." at once, and looked surprised. Amy poked the fire and said nothing. Jo saw her color rise and was down upon her in a minute.

"Amy, you've got it!"

"No, I haven't."

"You know where it is, then!"

"No, I don't."

"That's a fib!" cried Jo, taking her by the shoulders, and looking fierce enough to frighten a much braver child than Amy.

"It isn't. I haven't got it, don't know where it is now, and

게 뭐야.”

“알고 있잖아. 당장 말하는 게 좋을 거야. 실토하게 만들기 전에.”
조는 에이미를 살짝 흔들어댔다.

“화내고 싶으면 실컷 화내. 그런다고 해도 그 유치한 소설은 절대
다시 못 찾을 거야.” 에이미도 흥분해서 소리쳤다.

“왜 못 찾는데?”

“내가 태워 버렸으니까.”

“뭐라고? 내가 무진장 아끼고, 열심히 쓰고, 아버지가 돌아오시기
전까지 완성하려고 했던 그 소설을 말이야? 너 그걸 정말 태웠어?”
조가 하얗게 질려서 말했다. 눈은 분노로 이글거렸고, 두 손은
에이미의 어깨를 세게 움켜잡았다.

“그래, 태웠어! 내가 말했잖아. 어제 그렇게 신경질 낸 대가를
치르게 해 주겠다고. 그래서…”

에이미는 말을 더 잇지 못했다. 분노가 조를 완전히 사로잡았고,
이가 딱딱 부딪치는 게 머리에 울릴 만큼 에이미를 흔들어댔기
때문이다. 조는 슬픔과 분노에 차서 소리쳤다.

“못됐어, 너 정말 못됐어! 다시 못 쓴단 말이야. 죽을 때까지 용서
안 할 거야.”

don't care."

"You know something about it, and you'd better tell at once, or I'll make you." And Jo gave her a slight shake.

"Scold as much as you like, you'll never see your silly old book again," cried Amy, getting excited in her turn.

"Why not?"

"I burned it up."

"What! My little book I was so fond of, and worked over, and meant to finish before Father got home? Have you really burned it?" said Jo, turning very pale, while her eyes kindled and her hands clutched Amy nervously.

"Yes, I did! I told you I'd make you pay for being so cross yesterday, and I have, so..."

Amy got no farther, for Jo's hot temper mastered her, and she shook Amy till her teeth chattered in her head, crying in a passion of grief and anger...

"You wicked, wicked girl! I never can write it again, and I'll never forgive you as long as I live."

💬 Jo는 Amy가 자신을 용서했다고 철석같이 믿었지만, 이번 장에서 엄청난 시련을 겪게 됩니다. 많은 독자들이 《작은 아씨들》 하면 제일 많이 떠올리는 바로 그 사건이죠. 그런데 이 장의 제목은 'Jo Meets Apollyon(악마 아폴리온을 만난 조)'이에요. 이번 장에는 Jo가 Apollyon을 만나고, 그것을 다루는 법을 배우게 되는 이야기가 담겨 있습니다. Apollyon이 누구이고, 어떤 의미인지 제대로 이해하려면 이 역시 《천로역정》을 살펴봐야 합니다.

Apollyon(아폴리온)은 《천로역정》에서 주인공 Christian이 만나게 되는 악마입니다. 《천로역정》의 저자 존 번연은 Apollyon을 'scales like a fish...wings like a dragon, feet like a bear, and out of his belly came fire and smoak.(몸은 물고기같이 비늘로 덮여 있고, 날개는 용의 날개 같았으며, 발은 곰처럼 생겼고, 배에서는 시뻘건 불길과 연기가 쏟아져 나오고 있었다.)'라고 하며 아주 흉측한 모습으로 그립니다. 여기서 마지막 단어 smoak는 smoke(연기)의 옛 스펠링입니다. Apollyon은 Christian에게 믿음을 시험하는 많은 질문을 던지는데, 원하는 대로 흘러가지 않자 불같이 화를 내며 길을 막아서고는 절대 한 발짝도 갈 수 없다고 말합니다. Christian은 결국 반나절 넘게 Apollyon과 씨름합니다. 기진맥진한 Christian을 보며 좋은 기회다 싶어서 Apollyon이 달려들지만, 결국엔 Christian의 믿음이 이깁니다.

이 이야기의 형태가 그대로 이 장에 담겨 있습니다. '언니의 원고를 태워 버렸으니까 Amy가 Apollyon을 만난 게 아닌가?'라는 생각이 들 수도 있는데요, 이 장의 전체적인 초점은 Jo를 향하고 있음을 기억해야 합니다.

'어린애'라고 여기며 끼워 주지 않은 언니들, 특히 Jo에게 화가 난 Amy도 Jo와 성격이 비슷합니다. 화가 나면 물불을 가리지 못하는 성격이죠. 급기야는 Jo 언니의 습작 원고에 손을 대고 맙니다. 추궁하는 Jo 언니에게 Amy는 오히려 자기가 태웠다고 큰소리치죠.

'나라면 어땠을까?' 한번 상상해 보세요. 'My little book I was so fond of, and worked over, and meant to finish before Father got home(내가 무진장 아끼고, 열심히 쓰고, 아버지가 돌아오시기 전까지 완성하려고 했던 그 소설)'을 연극에 데리고 가지 않았다는 이유로 화가 난 동생이 불태워 버렸다면? Jo는 분노의 한마디를 내뱉습니다. "You wicked, wicked girl! I never can write it again, and I'll never forgive you as long as I live.(못됐어, 너 정말 못됐어! 다시 못 쓴단 말이야! 죽을 때까지 용서 안 할 거야!)"라고요. 그리고 이 장면에는 나오지 않지만, Jo는 Amy의 뺨을 한 대 때리고는 다락방으로 올라가 버리지요. 이렇게 집안에 폭풍우가 한바탕 휘몰아치고 사라집니다.

이 장면에서 'Amy, 정말 실망이야!'라고 생각한 독자도 있으리라 짐작해 봅니다. 하지만 아이들의 나이를 생각해 보면 이해가 되기도 합니다. 어른이 되어서도 감정이 격해지면 그 감정을 제대로 다루지 못해서 갈등이 일어나곤 하는데, 열 살 남짓한 아이가 자신의 감정을 잘 이해하고 다스리기를 기대하는 것은 무리겠지요. 하지만 격한 감정을 진정시키지 못하고 돌이킬 수 없는 실수를 저지른 Amy는 이후 언니에게 계속해서 용서를 구합니다.

　소용돌이치는 격한 감정을 잘 다루지 못하고 있는 그대로 다 표출했다가 후회한 경험이 누구나 한 번쯤은 있기 마련입니다. 특히 감정적으로 가깝게 연결되어 있는 가족과 그런 경우가 많지요. 두 자매의 싸움을 보면서 어린 시절이 생각나는 분들도 계실 거예요. 성격이 비슷한 Jo와 Amy는 이 사태(?)를 어떤 식으로 풀어 나갈까요? 열심히 쓰던 원고를 하루아침에 잃은 Jo가 웬만해서는 화를 풀지 않을 듯싶습니다.

　Jo는 언제, 왜 Apollyon을 만나게 되는지 조마조마한 마음으로 다음 장면으로 넘어가 봅시다.

*Write a favorite sentence

  자초지종을 들은 엄마가 언니에게 무슨 잘못을 했는지 Amy를 타이르면서 사건은 일단락된다. Jo는 자기 소설을 자랑스러워했고, 가족들은 Jo를 촉망받는 문학계의 새싹이라고 여겼다. 단편 소설 여섯 편뿐이었지만 끈기 있게 쓴 글이었고, 출간이 기대될 정도로 훌륭한 글이었다. 얼마 전 꼼꼼하게 베껴 쓰고 이전 원고를 없앴기 때문에 Amy는 Jo가 몇 년 동안 공들인 작품을 완전히 없앤 셈이다. 이는 Jo에게는 끔찍한 재앙이었고, 무엇으로도 보상받을 수 없었다.

  차 마시는 시간을 알리는 종이 울리자 Jo가 나타난다. Jo의 표정은 아주 쌀쌀맞고 험악했다. Amy는 그런 Jo에게 조심스럽게 다가가서 사과하지만, Jo는 절대 용서하지 못한다고 단호히 말하며 그 순간부터 Amy를 철저히 무시한다. March 부인을 비롯한 그 누구도 그 엄청난 사건에 대해서 말하지 않았다. 이럴 때 Jo에게는 무슨 말을 해도 소용없다는 걸 경험으로 알고 있기 때문이었다. 다 함께 모인 저녁 시간은 평소처럼 사랑이 넘치고 평화로운 분위기가 아니었다.

  March 부인은 잠자리에 들기 전에 Jo에게 '해가 지도록 분을 품지 말라.'는 성경 구절을 속삭이며 서로 용서하고 도우며 새로운 내일을 시작하라고 위로한다. 하지만 약한 모습을 보이기 싫고, 용서할 마음이 없었던

Jo는 Amy가 듣고 있다는 것을 알면서도 Amy는 용서받을 자격이 없다고
말한다.

먼저 사과했다가 거절당한 Amy는 화가 많이 났고, 괜히 굽히고
들어갔다고 후회한다. 상처받은 Amy는 자신이 더 도덕적으로
우월하다는 듯이 우쭐대며 Jo를 자극한다. Jo는 여전히 먹구름이
가득하고, 온종일 되는 일이 없다.

기분이 나아질까 싶은 마음에 Jo는 Laurie와 스케이트를 타러 가기로
한다. 다음번엔 꼭 데려간다고 약속한 Jo 언니가 이번에도 또 혼자 나설
기미를 보이자 Amy가 투덜댄다. 그런 Amy에게 Meg 언니는, 네가 못되게
굴었으니 할 수 없다고 하면서도 이제 Jo가 용서해 줄 것 같으니 조용히
뒤따라가라고 조언한다. 적당한 때를 봐서 사과하라는 말과 함께.

그렇게 Amy는 Jo와 Laurie를 뒤따른다. 하지만 Amy를 본 Jo는 등을
돌리고, Laurie는 강 가장자리에서 조심조심 스케이트를 타며 얼음이
녹지는 않았는지 확인하느라 Amy를 보지 못한다.

Day 13

악마 아폴리온을 만난 조 2

메그 언니의 말을 듣고 에이미는 조에게 사과할 기회를 가져볼 겸
스케이트를 신고 따라나섭니다. 가운데로 오지 말라는 로리의 말을 듣지 못한
에이미는 무사히 언니가 있는 쪽으로 갈 수 있을까요?

조는 에이미가 쫓아오느라 숨이 차고 스케이트를 신느라 발을 구르고 손을 호호 부는 소리를 들었지만, 뒤돌아보지 않고 천천히 지그재그로 강을 따라 내려갔다. 에이미가 애먹는 모습이 안돼 보이고 신경이 쓰이기도 했지만, 묘한 만족감도 들었다. 조는 화가 나면 마음에 담아 두어서 그 화가 점점 커지고 그 화에 사로잡혔다. 좋지 않은 생각과 감정을 즉시 내다 버리지 않으면 늘 그렇게 되고 만다.

로리가 강 모퉁이에 다다르자 돌아서서 외쳤다.

"계속 가장자리로 와. 가운데는 위험해."

조는 이 말을 들었지만, 에이미는 스케이트를 신은 발에 온통 신경이 쏠려서 한마디도 듣지 못했다. 조는 어깨너머로 에이미를 흘끗 봤다. 그때 숨어 있던 작은 악마가 조의 귀에 대고 속삭였다.

"들었든 못 들었든 자기가 알아서 하라지."

로리는 이미 모퉁이를 돌아 가 버리고 없었다. 조는 막 모퉁이를 돌 참이었고, 에이미는 한참 뒤에서 얼음이 얇은 강 한가운데를 향해서 가고 있었다.

Jo Meets Apollyon #2

cherish (소망·원한 등을) 품다 cast out 몰아내다 bend 굽이, 모퉁이
shore (바다·호수 등의) 기슭 harbor 숨겨 주다, 마음 속에 품다 resolve 결심하다
terror-stricken 겁에 질린 swiftly 신속히 self-possessed 침착한

Jo heard Amy panting after her run, stamping her feet and blowing on her fingers as she tried to put her skates on, but Jo never turned and went slowly zigzagging down the river, taking a bitter, unhappy sort of satisfaction in her sister's troubles. She had cherished her anger till it grew strong and took possession of her, as evil thoughts and feelings always do unless cast out at once.

As Laurie turned the bend, he shouted back...

"Keep near the shore. It isn't safe in the middle."

Jo heard, but Amy was struggling to her feet and did not catch a word. Jo glanced over her shoulder, and the little demon she was harboring said in her ear...

"No matter whether she heard or not, let her take care of herself."

Laurie had vanished round the bend, Jo was just at the turn, and Amy, far behind, striking out toward the smoother ice in the middle of the river.

조는 찜찜한 기분이 들어서 잠시 멈췄다가 다시 그냥 가기로 마음먹었다. 그러면서도 왠지 꺼림칙해서 뒤를 돌아봤다. 바로 그때 녹아서 약해진 얼음이 갑자기 깨지면서 에이미가 두 손을 든 채로 물에 빠졌다. 물이 첨벙거리고 비명이 들리자 조는 겁이 나서 심장이 멎을 듯했다. 로리를 부르려고 했지만, 목소리가 나오지 않았다. 서둘러 앞으로 나가려고 했지만, 발에 힘이 다 빠진 듯했다. 아주 잠깐이지만 조가 할 수 있는 거라곤 꼼짝 않고 겁에 질린 얼굴로 시커먼 물 위로 떠오른 작은 파란색 모자를 쳐다보는 것뿐이었다.

그때 무언가 재빠르게 조의 옆을 지나가더니 로리가 외치는 소리가 들렸다.

"울타리 가로대 뜯어 와. 빨리!"

어떻게 했는지 전혀 알 수 없었지만 조는 그 후 몇 분 동안 무언가에 홀린 듯이 무작정 로리가 시키는 대로 했다. 로리는 조가 울타리에서 가로대를 뜯어서 끌고 오는 동안 침착하게 얼음에 납작 엎드려서 팔과 하키채로 에이미를 붙잡고 있었다. 그리고 두 사람은 힘을 합쳐서 에이미를 끌어냈다. 에이미는 다치지는 않았지만, 겁에 질려 있었다.

For a minute Jo stood still with a strange feeling in her heart, then she resolved to go on, but something held and turned her round, just in time to see Amy throw up her hands and go down, with a sudden crash of rotten ice, the splash of water, and a cry that made Jo's heart stand still with fear. She tried to call Laurie, but her voice was gone. She tried to rush forward, but her feet seemed to have no strength in them, and for a second, she could only stand motionless, staring with a terror-stricken face at the little blue hood above the black water.

Something rushed swiftly by her, and Laurie's voice cried out...

"Bring a rail. Quick, quick!"

How she did it, she never knew, but for the next few minutes she worked as if possessed, blindly obeying Laurie, who was quite self-possessed, and lying flat, held Amy up by his arm and hockey stick till Jo dragged a rail from the fence, and together they got the child out, more frightened than hurt.

☺ 기분 전환 겸 Laurie와 스케이트를 타러 가는 Jo를 Amy가 뒤쫓아 갑니다. 이제는 사과를 받아 줄지도 모른다는 기대감과 함께요. 하지만 제대로 사과를 할 기회를 엿보기도 전에 변을 당하고 맙니다. 다행히 Laurie가 기지를 발휘해서 Amy를 무사히 구해내죠. 찰나에 스치는 Jo의 마음이 잘 그려진 장면입니다. 제목처럼 Apollyon을 만난 순간이기도 하고요.

오늘 장면의 바로 앞에서 잠자리에 들려는 Jo에게 엄마가 "My Dear, don't let the sun go down upon your anger.(사랑하는 딸아, 분을 품은 채로 잠자리에 들지 말렴.)"라는 말을 건넵니다. 하지만 아직 상처가 아물지 않아 동생을 용서할 수 없었던 Jo는 "She doesn't deserve to be forgiven.(에이미는 용서받을 자격이 없어요.)"이라고 Amy가 들으란 듯이 쏘아붙이며 자신의 화를 간직한 채로 다음 날을 맞게 됩니다.

작가는 여기서 '풀지 못한 분노'에 대해서 생각해 보도록 합니다. 물론 상대가 큰 잘못을 저질렀지만, '용서할 것인가 말 것인가'는 본인에게 달렸다고 말하는 듯하죠. 그리고 끝까지 용서하지 않기로 마음먹었을 때 어떤 일들이 이어지는지 묘사하고 있어요. 'She had cherished her anger till it grew strong and took possession of her, as evil thoughts and feelings always do unless cast out at once.(조는 화가 나면 마음에 담아 두어서 그 화가 점점 커지고 그 화에 사로잡혔다. 좋지 않은 생각과 감정을 즉시 내다 버리지 않으면 늘 그렇게 되고 만다.)'라며 Jo의 성격이 이렇다는 것을 미리 깔아 두기도 했습니다.

그리고 결국 부정적인 생각과 감정들을 껴안고 있던 결과는 생각보다 더 끔찍할 수 있음을 보여 주는 사건이 발생합니다. Jo는 "Keep near the shore. It isn't safe in the middle.(계속 가장자리로 와. 가운데는 위험해.)"이라고 미리 위험을 알려 주는 Laurie의 말을 동생이 들었는지 신경이 쓰였지만, 호시탐탐 Jo를 완전히 집어삼킬 틈을 엿보던 Apollyon이 이때다 싶어서 Jo의 귀에다 대고 "No matter whether she heard or not, let her take care of herself.(들었든 못들었든 자기가 알아서 하라지.)" 하고 속삭입니다. 이제 Jo는 자신의 곁에 바짝 달라붙은 Apollyon과 엎치락뒤치락할 차례죠. 《천로역정》에서 주인공 Christian이 그랬듯이요.

'For a minute Jo stood still with a strange feeling in her heart, then she resolved to go on,(조는 찜찜한 기분이 들어서 잠시 멈췄다가 다시 그냥 가기로 마음먹었다)'이라고 했으니 Jo가 먼저 싸움에서 한발 밀렸습니다. 하지만 바로 'but something held and turned her round,(그러면서도 왠지 꺼림칙해서 뒤를 돌아봤다)'라고 했으니 이번엔 Apollyon이 밀렸네요. 하지만 이미 늦었고 Amy는 물에 빠지고 맙니다. 다행히 Laurie의 빠른 대처로 Amy를 무사히 꺼낼 수 있었습니다. 'Jo's heart stand still with fear.(조는 겁이 나서 심장이 멎을 듯했다.)'라는 이 문장에서 보듯이 Jo는 자신이 Amy를 외면한 결과가 눈앞에서 펼쳐지자 그 자리에서 얼어 버립니다.

Apollyon은 그저 한마디만 속삭였을 뿐입니다. 그런데 그

속삭임만으로도 'a bitter, unhappy sort of satisfaction(안돼 보이고 신경이 쓰이기도 했지만 묘한 만족감)'과 고소한 생각도 들죠. 《천로역정》속의 Apollyon이 실체를 지닌 악마였다면, 《작은 아씨들》 속의 악마는 내 안에서 일어나는 '생각'입니다. 살면서 Apollyon을 실제로 맞닥뜨릴 일은 없지만, 현대를 살아가는 우리에게 '내 안에 일렁이는 부정적인 생각을 어떻게 다스릴 것인가'는 삶에서 가장 중요한 과제라고 해도 과언이 아닙니다. 잘못은 Amy가 먼저 했지만, 공은 Jo에게 넘어와 있었지요. 툭툭 털고 용서하고 앞으로 나아갈지, 움켜쥐고 화를 키워서 상대를 향해 끊임없이 분노의 화살을 쏘아댈지는 Jo의 선택에 달려 있었습니다.

《천로역정》 초판본에는 Apollyon과 Christian이 맞서 싸우는 모습의 삽화가 실려 있는데요, 그 그림을 보면 Apollyon의 모습이 흉측한 건 둘째 치고, Christian보다 몸집이 몇 배나 큽니다. 그런 상대와 반나절 넘게 씨름했으니 기진맥진할 수밖에요. 이 싸움에서 잘 이기는 방법은 있는 걸까요?

그 방법이 궁금하다면 서둘러 다음 장으로 가 봐야겠습니다. Jo의 어머니, March 부인을 만나러 말이죠.

*Write a favorite sentence

신속하게 Amy를 구한 Laurie와 Jo는 우는 Amy를 집으로 데려갔고, 잠시 소란이 있고 난 뒤에 Amy는 온몸에 담요를 둘둘 만 채 잠이 든다. 그러는 동안 Jo는 아무 말 없이 창백하고 어쩔 줄 모르겠는 얼굴로 정신없이 움직이고 있었다. 소지품은 반쯤 잃어버리고 드레스도 찢어졌으며, 손이 베이고 멍도 들었다. Amy가 편안하게 잠들고 집이 조용해지자 침대 옆에 앉아 있던 March 부인이 Jo를 옆으로 불러서 다친 손에 붕대를 감아 준다.

Jo는 자책하는 표정으로 Amy를 바라본다. Jo는 엄마에게 Amy를 구한 건 Laurie가 거의 다 한 일이고, 자신은 물에 빠진 Amy를 바라보기만 했다고 말한다. Amy가 잘못되면 전부 자신의 잘못이라고 자책하며 눈물을 흘리는 Jo를 엄마는 따뜻하게 다독인다. Jo는 자신의 못된 성격을 책망하며, 고치려고 노력해도 이전보다 더 안 좋아진 듯하다고 좌절한다. 심하게 화가 나면 무슨 일이든 저지를 수 있을 것만 같고, 언젠가 정말 끔찍한 일을 저질러 다들 자기를 미워하고 인생이 망가질까 봐 두렵다고 털어놓는다.

엄마는 우리 모두 저마다 시험에 들게 마련이고, 누군가는 그 시험을 이겨내느라 평생을 바치기도 한다고 말하며 속상해하는 Jo를 위로한다.

자신 역시 40년 동안 노력해서 겨우 화를 다스릴 수 있었고, 이제 화라는 감정을 느끼지 않는 방법을 배우고 싶은데 어쩌면 또 다른 40년이 걸릴지도 모른다고 고백한다. Jo는 March 부인이 진심으로 공감하고, 엄마도 그랬으니 너도 할 수 있다는 믿음을 보여 준 덕분에 한결 편안해진다. 늘 인내하고 겸손한 모습을 지닌 엄마에게도 그런 노력이 있었다는 것을 알게 되자 자신의 단점을 견디기가 한결 수월해짐을 느낀다. 화를 다스리는 방법에 대한 Jo의 질문이 계속해서 이어진다.

Day 14

악마 아폴리온을 만난 조 3

자칫 에이미에게 큰일이 생길 뻔한 상황을 넘기고 나서
자신의 성질을 자책하는 조.
그런 조를 가장 잘 위로해 주는 사람은 누구일까요?

"화가 날 때 말하지 않는 법을 어떻게 배우셨어요? 그게 너무 힘들어요. 저도 모르는 사이에 날 선 말들이 입에서 나가거든요. 말을 할수록 더 못된 말을 하게 되고, 계속 그러다 보면 다른 사람의 감정을 상하게 하고 지적하는 말을 하는 게 즐겁게 느껴지기도 해요. 엄마, 어떻게 하셨는지 알려 주세요."

"나의 어머니가 나를 가르쳐 주시곤 했지."

"엄마가 우리를 가르쳐 주시는 것처럼 말이죠." 조가 잠시 말을 끊고 엄마에게 감사의 입맞춤을 했다.

"내가 조 너보다 조금 더 나이가 많았을 때 어머니가 돌아가셨어. 그러고는 몇 년 동안 혼자서 힘이 들었단다. 그때 난 자존심이 너무 세서 다른 사람들한테 내 약점을 털어놓지 못했거든. 힘든 시간을 보내고 내 부족함 때문에 쓰디쓴 눈물을 수없이 흘렸지. 노력했는데도 전혀 나아지는 듯 보이지 않았어. 그러다가 네 아빠를 만났고, 너무 행복해서 착하게 사는 게 쉬워졌지. 하지만 너희 넷을 낳고 사는 게 어려워지니까 예전의 문제가 다시 나타났어. 나는 천성적으로 인내심이 크지 않아서 내 아이들이 어렵게 사는 걸 보는

Jo Meets Apollyon #3

shed (피·눈물 등을) 흘리다   get on (사회생활 등에서) 성공하다
by nature 천성적으로   virtue 미덕   example 모범   rebuke 질책하다
a great deal 훨씬 더   bosom 가슴속

"How did you learn to keep still? That is what troubles me, for the sharp words fly out before I know what I'm about, and the more I say the worse I get, till it's a pleasure to hurt people's feelings and say dreadful things. Tell me how you do it, Marmee dear."

"My good mother used to help me..."

"As you do us..." interrupted Jo, with a grateful kiss.

"But I lost her when I was a little older than you are, and for years had to struggle on alone, for I was too proud to confess my weakness to anyone else. I had a hard time, Jo, and shed a good many bitter tears over my failures, for in spite of my efforts I never seemed to get on. Then your father came, and I was so happy that I found it easy to be good. But by and by, when I had four little daughters round me and we were poor, then the old trouble began again, for I am not patient by nature, and it tried

게 너무 힘들었단다.”

“가여운 엄마! 그땐 누가 도와주셨는데요?”

“너희 아빠였지. 네 아빠는 늘 인내심을 잃지 않지. 의심하거나 불평하지도 않고 언제나 희망을 품고 열심히 노력하면서 기쁘게 기다리는 사람이라서 그런 사람 곁에서 반대로 행동하면 부끄러운 생각이 든단다. 네 아빠는 날 도와주고 위로해 주었고, 내 딸들에게 바라는 모든 덕목을 몸소 실천해야 한다는 것을 알려 줬어. 내가 너희들의 모범이 되어야 한다는 거지. 나를 위해서가 아니라 너희들을 위해서 하니까 한결 쉬워지더구나. 내가 모진 말을 해서 깜짝 놀라는 너희 얼굴을 볼 때면 그 어떤 말을 들었을 때보다 심하게 나를 질책했단다. 너희들에게 받는 사랑과 존경과 믿음은 내가 스스로 모범을 보이고자 쏟은 노력에 대한 가장 달콤한 보상이란다.”

“아, 정말, 엄마의 반만이라도 닮는다면 얼마나 좋을까요.” 깊이 감동받은 조가 외쳤다.

“너는 이 엄마보다 훨씬 훌륭한 사람이 될 거야. 하지만 그러려면 아빠가 ‘마음속의 적’이라고 말하는 것을 늘 주의 깊게 살펴야 한단다. 그렇지 않으면 그 적 때문에 삶이 망가지거나 슬퍼지게 마련이거든. 오늘 일로 경고를 받았으니 그걸 명심하고 마음과 영혼을 다해서 화를 잘 내는 성격을 다스리려고 노력하렴. 오늘보다 더한 슬픔과 후회를 가져올 일이 생기기 전에 말이야.”

me very much to see my children wanting anything."

"Poor Mother! What helped you then?"

"Your father, Jo. He never loses patience, never doubts or complains, but always hopes, and works and waits so cheerfully that one is ashamed to do otherwise before him. He helped and comforted me, and showed me that I must try to practice all the virtues I would have my little girls possess, for I was their example. It was easier to try for your sakes than for my own. A startled or surprised look from one of you when I spoke sharply rebuked me more than any words could have done, and the love, respect, and confidence of my children was the sweetest reward I could receive for my efforts to be the woman I would have them copy."

"Oh, Mother, if I'm ever half as good as you, I shall be satisfied," cried Jo, much touched.

"I hope you will be a great deal better, dear, but you must keep watch over your 'bosom enemy', as father calls it, or it may sadden, if not spoil your life. You have had a warning. Remember it, and try with heart and soul to master this quick temper, before it brings you greater sorrow and regret than you have known today."

☺️ 살다 보면 나 자신이 못된 사람처럼 느껴지고, 내 모습이 견디기 힘들 때가 있지요. 오늘 장면에는 동생을 큰 위험에 빠뜨릴 뻔했던 Jo의 뼈아픈 후회와 그에 대한 엄마의 따뜻한 조언이 담겨 있습니다. "the sharp words fly out before I know what I'm about,(저도 모르는 사이에 날 선 말들이 입에서 나가거든요)" 이렇게 말하는 Jo의 말에 깊이 공감합니다. 말이라는 건 순간에 나와 버리죠. 오늘 장면에서 Jo는 자신의 그런 성격을 고치기가 너무 힘들다고 하면서 엄마에게 조언을 구하고 있습니다.

작가의 어머니인 아바 올콧은 실제로 'have a quick temper and a sharp tongue(화를 잘 내고 신랄한 말을 잘하는)' 사람이었다고 합니다. 이 장면 앞에서 March 부인이 "I am angry nearly every day of my life, Jo.(조야, 나는 평생 거의 매일 화가 난단다.)"라고 말하는 부분은 과장이 아니라 작가의 어머니 성격을 반영했다고 볼 수 있습니다. 작품 속에서 March 부인은 자신의 약점을 극복하기까지 남편의 도움이 컸다고 말하고 있지만, 작가의 어렸을 적 일기를 보면 작가의 아버지인 브론슨 올콧의 차분함이 실제로 어머니인 아바 올콧의 마음을 안정시키는 효과가 있었는가에 대해서는 물음표를 던지게 됩니다.

다시 작품으로 돌아와서, "I must try to practice all the virtues I would have my little girls possess, for I was their example.(내 딸들에게 바라는 모든 덕목을 몸소 실천해야 해. 내가 너희들의 모범이

되어야 한다는 거지.)"이라고 하며 March 부인은 남편이 자신에게 했던 조언을 Jo에게 전합니다. 비단 부모와 자식 사이에서만 통하는 말이 아니겠지요. 가정에서뿐만 아니라 직장이나 학교에서도 사람들을 이끄는 데 있어서 '몸소 실천하며 보여 주기'는 가장 효과적인 방법이 아닐까 합니다. March 부인은 남편의 조언대로 자식들에게 훌륭한 본보기가 되고자 자기 자신에게 엄격해집니다. "A startled or surprised look from one of you when I spoke sharply rebuked me more than any words could have done,(내가 모진 말을 해서 깜짝 놀라는 너희 얼굴을 볼 때면 그 어떤 말을 들었을 때보다 심하게 나를 질책했단다.)" 이렇게 말하고 있죠.

또한 "you must keep watch over your 'bosom enemy', as father calls it.(그러려면 아빠가 '마음속의 적'이라고 말하는 것을 늘 주의 깊게 살펴야 한단다.)"이라는 조언도 덧붙입니다. 실제로 작가의 아버지가 비슷한 말을 루이자에게 한 적이 있다고 알려져 있습니다. 루이자의 열 번째 생일에 딸에게 편지를 썼는데요, 그 편지에서 루이자의 'anger(화)'와 'ill-speaking(거친 말)'을 언급하면서 'the worm that never dies, the gnawing worm in her breast(루이자의 마음속에서 절대 죽지 않는 벌레, 신경을 갉아먹는 골치 아픈 벌레)'라는 말을 했다고 합니다. 딸을 옆에서 지켜본 아빠가 그 두 가지를 조심하라고 한 것이겠지요. 작가는 자신이 실제 삶에서 약점이라고 생각했던 성격적인 부분을 Jo와 March 부인을 통해서 그려낸 것이 아닐까 하는 생각이 듭니다.

오늘의 장면을 읽으면서 떠오르는 나의 약점이 있나요? 나의 약점을 있는 그대로 받아들이는 것도 중요하겠지만, 조금이라도 더 나은 모습으로 살아가고 싶다는 마음이 드는 것도 자연스러운 일이 아닐까 싶습니다. 여러분의 'bosom enemy', 'the worm that never dies, the gnawing worm in my breast'는 무엇인가요?

March 부인의 "the love, respect, and confidence of my children was the sweetest reward I could receive for my efforts to be the woman I would have them copy.(너희들에게 받는 사랑과 존경과 믿음은 내가 스스로 모범을 보이고자 쏟은 노력에 대한 보상이란다.)"라는 말도 함께 새겨 봅니다.

*Write a favorite sentence

_____

_____

Meg가 돌보는 King 씨네 아이들이 홍역에 걸리는 바람에 Meg는 친구가 초대하는 파티에 갈 수 있게 된다. 2주 동안 머무를 짐을 싸면서 어떤 옷과 장신구를 가지고 갈 것인지 고민한다. 짐 꾸리는 것을 도와주면서 부러워하는 동생들에게 Meg는 다녀와서 어떤 일이 있었는지 꼭 얘기를 들려주겠다고 약속한다. 엄마가 챙겨 주신 장신구를 들여다보면서 낡은 모슬린 드레스로 만족해야 하는 자신의 처지를 아쉬워하기도 한다.

Amy는 Meg와 함께 어떤 장식이 어울리고, 어떻게 꾸미고, 무슨 드레스를 입을지 이야기를 나누면서 언니는 흰옷을 입으면 천사 같다고 말한다. 하지만 Meg는 치맛단, 재킷, 심지어는 엄마가 사다 주신 양산까지 맘에 들지 않는 것투성이다. 특히 친구 Annie 옆에서 초라하게 보일까 봐 걱정하며 한숨을 쉰다. 그러면서도 어머니를 실망시켜 드리고 싶지 않은 마음에 애써 만족하려고 한다. 전에는 친구 집에 놀러 갈 수만 있으면 좋겠다고 생각했는데, 막상 그렇게 되자 또 다른 불평을 하는 자신을 보면서 많이 가질수록 원하는 것도 많다는 것을 느낀다.

그렇게 떠난 2주간의 여행. 사실 March 부인은 Meg가 화려한 생활을 경험하고 오면 현실에 만족하지 못할까 봐 걱정이 되었다. 하지만 겨우내

일하느라 고생한 딸이 소소한 즐거움을 누리면 기분이 좋아지겠다 싶었고, Meg의 친구인 Sally가 Meg를 잘 보살피겠다고 약속해서 결국 허락한 것이었다. Moffat 가족의 화려한 집과 생활 모습을 보면서 Meg는 친구가 점점 부러워졌고, 부자가 되고 싶은 마음에 한숨지었다. 집을 떠올리면 우울한 생각이 들었고, 일이 전보다 힘들게 느껴졌다.

푸념도 잠시, Meg는 Sally, Annie와 함께 온종일 쇼핑하고, 산책하고, 마차를 타고 어딘가를 방문하며 즐겁고 바쁜 시간을 보낸다. 저녁에는 연극이나 오페라를 보거나, 집에서 즐겁게 놀았다. Annie의 언니들은 아주 멋진 사람들이었고, 그중 한 명은 약혼자가 있었다. Meg는 약혼이 매우 흥미롭고 낭만적이라고 생각했다. 모두 Meg를 친절하게 대했고 예뻐했다. 하지만 자존심이 센 Meg는 그런 행동을 가난한 자신을 동정하는 거라 여겼다.

그러다가 하인이 들고 온 꽃과 카드가 Meg에게 온 것이라는 걸 알게 되고, Meg는 카드는 엄마한테 온 것이고 꽃은 Laurie가 보낸 것이라고 사실대로 이야기한다. 그 후 Meg는 사람들이 온갖 억측을 하며 자신과 가족들에 대해서 이러쿵저러쿵 말하는 것을 우연히 듣게 된다.

메그, 허영의 시장에 가다 1

파티의 화려함이 주는 행복에 젖어 있던 메그는
자신과 엄마에 대해서 마음대로 얘기하는 사람들의 이야기를 듣고
큰 충격에 빠집니다.

"그 남자애는 몇 살이래?"

"열여섯 아니면 열일곱일 거야." 다른 목소리가 대답했다.

"그 집 딸 중 한 명한테는 엄청난 일이겠다, 안 그래? 샐리가 그러는데 두 집안이 친하대. 할아버지가 애들을 아주 좋아한대."

"마치 부인이 계획적으로 움직인 게 틀림없어. 좀 이르긴 하지만 계획대로 차근차근 실행하겠지. 그 여자애는 그걸 전혀 모르는 것 같기는 하지만." 모패트 부인이 말했다.

"아까 카드를 보낸 사람이 엄마라고 거짓말을 한 걸 보면 알고 있는 거 같아. 꽃을 보고 얼굴이 붉어지는 게 꽤 예쁘던데. 안타깝네! 잘 꾸미면 예쁠 텐데. 목요일에 드레스를 빌려주겠다고 하면 그 애가 기분 나빠할까?" 다른 목소리가 물었다.

"자존심이 강한 아이지만, 싫다고 하지는 않을 거야. 그 애한테는 볼품없는 모슬린 드레스밖에 없거든. 오늘 밤에 어쩌다가 그 드레스가 찢어지기라도 하면 그걸 핑계로 말끔한 드레스를 빌려줄 수 있을 텐데."

"두고 봐야지. 그 애를 위해서 로런스 씨 댁 젊은이를 초대해야 겠어. 그러고 나서 재미있게 지켜보자고."

Meg Goes to Vanity Fair #1

vanity 허영심 grand 근사한 dote on ~을 애지중지하다
play one's cards well 일을 잘 처리하다 dowdy 초라한 tarlatan 얇은 모슬린
decent (수준·질이) 괜찮은 mortification 치욕 fume 몹시 화내다

"How old is he?"

"Sixteen or seventeen, I should say," replied another voice.

"It would be a grand thing for one of those girls, wouldn't it? Sallie says they are very intimate now, and the old man quite dotes on them."

"Mrs. M. has made her plans, I dare say, and will play her cards well, early as it is. The girl evidently doesn't think of it yet," said Mrs. Moffat.

"She told that fib about her momma, as if she did know, and colored up when the flowers came quite prettily. Poor thing! She'd be so nice if she was only got up in style. Do you think she'd be offended if we offered to lend her a dress for Thursday?" asked another voice.

"She's proud, but I don't believe she'd mind, for that dowdy tarlatan is all she has got. She may tear it tonight, and that will be a good excuse for offering a decent one."

"We'll see. I shall ask young Laurence, as a compliment to

파트너가 돌아왔을 때 메그는 얼굴이 벌겋게 상기되고 다소 불안해 보였다. 그녀는 자존심이 셌고, 이야기를 들으면서 느낀 굴욕감, 분노, 역겨움을 감추는 데에 있어서 그런 성격이 한몫했으니, 그때만큼은 자존심 센 게 도움이 되었다. 순수하고 의심을 할 줄 모르는 메그였지만, 지인들이 나눈 말들이 무슨 뜻인지 이해하지 않을 수 없었다. 잊으려고 애썼지만 그럴 수 없었고 '마치 부인이 계획적으로 움직인 거야.', '카드를 보낸 사람이 엄마라고 거짓말하던데.', '볼품없는 모슬린 드레스' 같은 말들이 자꾸만 떠올랐다. 금방이라도 울음이 터질 것 같았고, 집으로 달려가서 전부 다 털어놓고 조언을 구하고 싶었다.

하지만 그럴 수 없었기 때문에 메그는 최선을 다해서 즐거워 보이려 했다. 약간 신나 보이기까지 해서 메그가 어떤 노력을 하고 있는지 아무도 알아채지 못했다. 모든 것이 끝나고 침대에 조용히 눕자 비로소 마음이 기뻤다. 누워서 있었던 일을 떠올리며 이리저리 생각하고 씩씩거리다 보니 머리가 아팠다. 눈물이 흘러내려 뜨겁게 달아오른 볼을 식혀 주었다.

her, and we'll have fun about it afterward."

Here Meg's partner appeared, to find her looking much flushed and rather agitated. She was proud, and her pride was useful just then, for it helped her hide her mortification, anger, and disgust at what she had just heard. For, innocent and unsuspicious as she was, she could not help understanding the gossip of her friends. She tried to forget it, but could not, and kept repeating to herself, 'Mrs. M. has made her plans,' 'that fib about her mamma,' and 'dowdy tarlatan,' till she was ready to cry and rush home to tell her troubles and ask for advice.

As that was impossible, she did her best to seem gay, and being rather excited, she succeeded so well that no one dreamed what an effort she was making. She was very glad when it was all over and she was quiet in her bed, where she could think and wonder and fume till her head ached and her hot cheeks were cooled by a few natural tears.

💬 Jo의 이야기가 일단락되고, 이번에는 Meg의 이야기가 시작됩니다. Meg가 돌보는 아이들이 홍역에 걸리는 바람에 Meg는 친구의 파티 초대에 응할 수 있게 됩니다. 부유한 Moffat 가족이 여는 파티라니! 잔뜩 기대에 부푼 채로 준비하고 떠나온 Meg입니다. 예쁘고 화려한 것을 좋아하는 Meg에게 이 파티는 약이 될까요, 아니면 독이 될까요?

일단 제목을 볼까요? 'Meg Goes to Vanity Fair(메그, 허영의 시장에 가다)'입니다. 또 한 번 《천로역정》을 들춰 보면, 'Vanity Fair(허영의 시장)'는 Vanity라는 도시에 있는 시장입니다. 그곳은 온갖 물건을 다 파는 곳인데요, 심지어는 즐거움, 욕망, 집, 아내, 남편, 주인, 하인, 육체, 영혼까지도 팝니다. 그리고 요술, 속임수, 도박하는 자들, 어리석은 자들은 물론, 모든 종류의 악인들을 볼 수 있는 곳이죠. 천상의 도시로 가는 길에 있어서 지나가지 않을 수가 없는 곳입니다. 그런데 주인공 Christian, 그리고 그와 함께 온 사람들은 그곳에서 진실만 사려고 해서 붙잡히게 되죠.

Moffat 가족이 주최한 파티가 '허영의 시장'이라면, Meg는 그곳에서 무얼 사고 싶었을까요? 정말 갖고 싶은 게 많이 있었지만, 평소에는 꾹꾹 눌러 두었다가 '파티'라는 판이 깔리자 자신의 감춰진 욕망을 마주하게 되는 Meg 모습은 우리에게 그리 낯설지 않습니다. 파티에 간 Meg는 Moffat 가족의 화려한 겉모습을 보면서 부러워합니다. 자신이 가진 것은 '더 가진 자'

앞에서 초라하기 짝이 없죠. 또한, 사교계는 겉으로는 얼굴을 익히고 친분을 쌓는 곳이지만, 실상은 치열한 물밑 경쟁이 있는 곳입니다. 현대 사회와 달리 남녀가 자연스럽게 만날 수 없는 당시 환경에서 사교계는 결혼 상대를 만날 수 있는 유일한 곳이자, 나의 '상품으로서의 가치'를 입증해야 하는 곳이지요. 그러려면 당연히 다른 사람들보다 돋보여야 하므로, 외적인 모습이 무척 중요합니다. 그런데 내가 가진 무기(?)가 평범하다 못해 초라하다면 전장에 나가기도 전에 전의를 상실할지도 모를 일입니다.

이럴 때 Meg를 버티게 해 주는 것은 자존심이었습니다. Meg는 한없이 작아지는 자신을 숨겨 보려고 애를 씁니다. 그런데 그 자존심마저 처절하게 짓밟히는 일이 일어납니다. 남 말 하기 좋아하는 사람들의 레이더망에 걸리고 만 Meg는 가족의 테두리 안에서는 경험하지 못한 시기와 질투를 받게 됩니다. Laurence 씨 댁 젊은이는 사교계에서 누구나 탐낼 만한 대상인데, 그 사람이 평범한 집안의 딸인 Meg에게 꽃을 보내다니요? 그러니 "Mrs. M. has made her plans.(마치 부인이 계획적으로 움직였어.)"라며, March 부인이 의도적으로 Laurence가에 접근했다고 자신들 마음대로 재단해 버립니다. 그리고 Laurie를 초대해서 둘의 분위기가 어떤지 확인해 보려는 속내도 내비치죠. 앞에서 말한 '허영의 시장'을 Meg가 잘 찾아온 듯합니다. 물론 Meg 자신은 이곳이 '허영의 시장'인 줄은 꿈에도 생각지 못했겠지만 말이에요.

오로지 겉모습으로 평가받는 이곳에서 다른 이들은 Meg를 보면서 자신들이 지닌 부를 과시하고 있습니다. 더불어, March 부인과 Meg의 행동에 시집을 잘 보내고자 하는 의도가 있다고 여기고 있죠. 그러니 "She'd be so nice if she was only got up in style. Do you think she'd be offended if we offered to lend her a dress for Thursday?(잘 꾸미면 예쁠 텐데. 목요일에 드레스를 빌려주겠다고 하면 그 애가 기분 나빠할까?)"라는 말은 그들의 행동이 상대를 배려해서 한 것이 아니라, 자신이 가진 물건으로 상대를 더 돋보이게 만들어 줄 수 있다는 느낌을 줍니다. 그들은 'dowdy tarlatan(볼품없는 모슬린 드레스)'은 March 부인과 Meg의 계획에 방해가 되는 옷이라고 생각합니다. tarlatan은 얇은 면직물인데요, 풀을 먹여서 성글게 짠 천입니다. 안이 살짝 비칠 만큼 고운 면직물이지만 빳빳함이 특징입니다. 하지만 실크에 비해서 고급스러움은 부족하죠. 집에서 파티에 가려고 짐을 쌀 때부터 Meg가 'the violet silk(보라색 실크 드레스)가 있으면 얼마나 좋을까' 생각하며 아쉬워했던 이유입니다.

다른 사람들의 입방아에 오르내린 Meg는 모든 게 끝나고 침대에 누워서 마음을 가라앉힙니다. 'her hot cheeks were cooled by a few natural tears.(눈물이 흘러내려 뜨겁게 달아오른 볼을 식혀 주었다.)'라는 내용이 나오는데, 이 상황이라면 누구라도 눈물을 흘리지 않을 수가 없었을 겁니다. 하지만 이 눈물은 전초전에 불과했습니다. Meg는 이미 굴욕을 당할 만큼 당했다고 생각했겠지만, '허영의 시장'은 생각보다 만만한 곳이 아니었습니다. Meg에게 무슨 일이 더 있었는지, 다음 장으로 넘어가 볼까요?

*Write a favorite sentence

_____

_____

밤새 뒤척인 Meg는 우울한 아침을 맞았다. 친구들에게 화가 나기도 하고, 한편으로는 그런 마음을 솔직히 말하고 잘못된 것을 바로잡지 못하는 자신이 부끄럽기도 했다. 여자애들은 정오가 되어서야 기운을 차렸다. 그런데 Meg는 친구들이 자신을 더욱 정중하게 대하고, 자신의 말에 관심을 보이고, 호기심에 가득 차서 바라보기도 하는 등 자신을 대하는 태도가 어딘가 달라졌음을 느낀다. 그러다가 Belle이 하는 말을 듣고 그 이유를 알게 된다. Meg의 친구인 Laurence 씨에게 초대장을 보낸 것이다. Meg는 어머니인 March 부인과 Laurence 씨가 친구 사이라서 자연스럽게 함께 어울리게 되었을 뿐이라고 말하며, 친구들이 이제는 왈가왈부하지 않았으면 한다.

Moffat 부인이 아이들을 찾아와 사다 줄 게 없는지 묻는 말에 Meg는 정말 갖고 싶은 몇 가지가 떠올랐지만 살 수 없어서 말을 하려다 참는다. 그러다가 Sally가 Meg에게 목요일 파티에 무얼 입을지 묻고, Meg는 드레스가 찢어져서 수선해서 입어야 한다고 한다. Sally는 아무 생각 없이 집에 말해서 다른 드레스를 보내 달라 부탁하라고 하지만, Meg는 다른 드레스는 없다고 힘겹게 대답한다.

그런 Meg를 보며 Belle은 자신의 파란색 실크 드레스를 빌려주고 그에 어울리게 예쁘게 꾸며 주겠다고 한다. Meg는 그렇게 꾸미면 자신이 미인이 될지 궁금하기도 했던 터라, Moffat 가족을 향한 불편한 감정은 잊고 제안을 받아들인다. 목요일 저녁, Belle은 모두를 놀라게 할 생각으로 방문을 걸어 잠그고 하인과 함께 Meg를 멋진 숙녀로 변신시킨다. Meg를 완벽하게 꾸민 Belle은 인형에게 새 옷을 입힌 여자아이처럼 만족스러워한다. Meg는 평소의 자기 모습과 달라서 잠시 부끄러웠지만, 거울에 비친 자신의 모습이 아름답다는 것을 확인하자 이제야 정말 '재미'가 시작된 듯한 기분을 느낀다. Meg의 모습에 사람들은 앞다퉈 칭찬을 해댄다.

파티가 시작되자 무사히 아래층으로 내려간 Meg는 당당히 응접실에 들어선다. 전에는 눈길도 주지 않았던 숙녀들이 갑자기 Meg에게 친근하게 다가오고, 지난 파티에서는 흘끔대기만 하던 젊은 신사들이 이제는 먼저 다가와서 자신을 소개하고 호감을 사려고 한다. 그런 모습을 보면서 Meg는 멋진 옷을 입으면 특정 부류의 사람들이 매력을 느끼고 그들에게 존중받기도 한다는 것을 깨닫는다. Moffat 부인 역시 자신을 다른 사람들에게 소개할 때 허풍을 부리는 것을 보면서 Meg는 적잖이 놀란다. 하지만 Meg는 자신을 만나러 온 Laurie가 노골적인 불만의 표정을 짓자 불편하고 당혹스럽다.

메그, 허영의 시장에 가다 2

메그가 잘 지내는지 보러 온 로리는 평소 모습과 너무 다른 메그를 보면서
불편한 기색을 감추지 않습니다. 메그 역시 그런 로리가 맘에 들지 않습니다.
그들의 불편한 감정은 어디에서 온 걸까요?

"와 줘서 기뻐. 안 올까 봐 걱정했는데." 메그가 최대한 어른스
럽게 말했다.

"조가 내가 다녀왔으면 해서. 가서 보고 누나가 어떤지 말해
달라고 부탁해서 왔어." 로리는 메그를 쳐다보며 대답하지는
않았지만, 메그의 어른스러운 말투에 살짝 미소 지었다.

"조한테 뭐라고 말할 거야?" 메그가 물었다. 로리가 자신을 어떻
게 생각하는지 궁금하면서도 처음으로 로리가 불편하게 느껴졌다.

"모르는 사람 같았다고 할 거야. 너무 어른 같고 다른 사람 같아서
무서웠다고 할 거야." 로리가 장갑에 달린 단추를 만지작거리면서
말했다.

"말도 안 되는 소리야! 친구들이 재미 삼아 꾸며 준 거라고. 나는
마음에 들긴 해. 만약 조가 날 봤다면 놀라서 쳐다보지 않았을까?"
메그는 로리가 지금의 모습이 더 낫다고 생각하는지 아닌지
말하기를 바라면서 대답했다.

"응, 그랬을 거 같아." 로리가 진지하게 대답했다.

Meg Goes to Vanity Fair #2

fumble 손으로 더듬다 absurd 터무니없는 bent on ~에 열심인
gravely 심각하게 blunt 퉁명스러운 frizzled 곱슬곱슬한 abash 무안하게 하다
fuss 장식 ruffled 성난, 짜증이 난

"I'm glad you came, I was afraid you wouldn't." she said, with her most grown-up air.

"Jo wanted me to come, and tell her how you looked, so I did," answered Laurie, without turning his eyes upon her, though he half smiled at her maternal tone.

"What shall you tell her?" asked Meg, full of curiosity to know his opinion of her, yet feeling ill at ease with him for the first time.

"I shall say I didn't know you, for you look so grown-up and unlike yourself, I'm quite afraid of you," he said, fumbling at his glove button.

"How absurd of you! The girls dressed me up for fun, and I rather like it. Wouldn't Jo stare if she saw me?" said Meg, bent on making him say whether he thought her improved or not.

"Yes, I think she would," returned Laurie gravely.

"Don't you like me so?" asked Meg.

"지금 내 모습이 별로야?" 메그가 물었다.

"응, 난 별로야." 로리가 퉁명스럽게 대답했다.

"왜 맘에 안 드는데?" 메그가 걱정스럽게 물었다.

로리는 메그의 곱슬한 머리, 드러난 어깨, 화려하게 장식한 드레스를 흘끗 봤다. 메그는 로리의 대답보다 평소의 정중한 모습은 찾아볼 수 없는 로리의 표정 때문에 더 무안해졌다.

"난 지나치게 공들인 허세스런 치장은 별로야."

자기보다 어린 남자에게 듣기에는 심한 말이었다. "넌 내가 아는 사람 중에 제일 무례한 애야." 메그가 심통 맞게 대꾸하며 그 자리를 떠났다.

짜증이 잔뜩 난 메그는 조용한 창가로 가서 달아오른 얼굴을 식혔다. 드레스가 너무 꽉 조이는 바람에 불편할 정도로 얼굴이 벌겋게 달아올라 있었다. 거기에 서 있는데 링컨 소령이 지나갔고, 잠시 후 그가 자기 어머니에게 하는 말이 들렸다.

"사람들이 저 어린 아가씨를 웃음거리로 만들고 있네요. 어머니가 저 아가씨를 만나 봤으면 했는데, 저 사람들이 완전히 망쳐 놨어요. 저 아가씨는 오늘 밤 그저 인형일 뿐이네요."

"아, 이런!" 메그는 한숨 쉬었다. "조금 더 분별 있게 처신해서 그냥 내 옷을 입을 걸 그랬어. 그러면 다른 사람들이 보기에 싫지도 않고, 나도 불편하지 않고 부끄럽지도 않았을 텐데."

"No, I don't," was the blunt reply.

"Why not?" in an anxious tone.

He glanced at her frizzled head, bare shoulders, and fantastically trimmed dress with an expression that abashed her more than his answer, which had not a particle of his usual politeness in it.

"I don't like fuss and feathers."

That was altogether too much from a lad younger than herself, and Meg walked away, saying petulantly, "You are the rudest boy I ever saw."

Feeling very much ruffled, she went and stood at a quiet window to cool her cheeks, for the tight dress gave her an uncomfortably brilliant color. As she stood there, Major Lincoln passed by, and a minute after she heard him saying to his mother...

"They are making a fool of that little girl. I wanted you to see her, but they have spoiled her entirely. She's nothing but a doll tonight."

"Oh, dear!" sighed Meg. "I wish I'd been sensible and worn my own things, then I should not have disgusted other people, or felt so uncomfortable and ashamed of myself."

💬 한껏 기대에 부풀어서 방문했던 파티가 Meg에게는 계속해서 유혹의 장소가 되고 있습니다. Belle의 제안으로 Meg는 모두를 놀라게 할 모습으로 변신합니다. 이 장의 앞에서 Belle과 그녀의 하인 Hotense가 Meg를 꾸며 주는 모습을 묘사한 장면이 있는데요, 'They crimped and curled her hair, they polished her neck and arms with some fragrant powder, touched her lips with coralline salve to make them redder.(그들은 인두로 메그의 머리를 말고, 목과 팔에 향이 나는 분을 바르고, 입술에는 산호빛 연고를 발라서 더 붉게 만들었다.)'라고 표현하고 있습니다. 장소가 장소이니만큼 인위적인 꾸밈은 피할 수 없었겠지요. 하지만 여기에 'A set of silver filagree was added, bracelets, necklace, brooch, and even earrings(은 세공 팔찌, 목걸이, 브로치, 심지어는 귀걸이)' 등 화려한 장식물들이 Meg에게 주렁주렁 달립니다. Meg는 화려하게 꾸민 자신의 모습이 어색하기는 했지만 예쁜 옷을 걸치고 미모를 뽐내고 싶은 욕망이 있었기에 이런 상황이 싫지만은 않았습니다. 그런데 Meg가 걸친 모든 것은 누구의 것이었나요? 자신의 것이 아닌 Belle의 것이었죠.

Belle이 꾸며 준 모습으로 사람들 앞에 나타난 Meg의 모습을 작가는 'for several minutes she stood, like a jackdaw in the fable, enjoying her borrowed plumes, while the rest chattered like a party of magpies.(잠시 메그는 우화에 나오는 갈까마귀처럼 빌린 깃털을 한껏 뽐내면서 서 있었고, 그러는 동안 나머지 사람들은

까치 떼처럼 재잘거렸다.)' 이렇게 묘사했습니다. 'a jackdaw in the fable(우화에 나오는 갈까마귀)'은 누구일까요? Jackdaw는 《이솝우화》 중 〈the Jackdaw and the Peacocks(까마귀의 깃털)〉라는 이야기에 등장하는데요, 평범하지만 화려해지고 싶은 욕망이 있는 주인공입니다. Jackdaw가 어느 날 예쁜 공작의 깃털을 줍게 되고, 그것들로 자신의 꼬리를 치장하지요. 그렇게 꾸미기만 한 게 아니라 숲속에서 제일 예쁜 새를 뽑는 대회에 나가서 우승을 차지하게 됩니다. 그러다가 그 깃털이 몸에서 떨어지는 바람에 정체가 드러나고, 창피를 당하게 되죠.

Belle의 드레스를 입고 온통 Belle의 장신구를 걸친 Meg는 처음에는 어색했지만 막상 거울을 보자 예쁘게 바뀐 자신의 모습에 흡족해합니다. 그런데 Meg의 이러한 모습은 《이솝우화》 속의 Jackdaw와 똑 닮아 있습니다. 1886년 판 《이솝우화》에는 이야기의 마지막에 'Let none presume to wear an undeserved dignity.(주제넘게 과도한 품위를 지니려고 하지 말아라.)' 이런 교훈도 적혀 있다고 합니다.

남의 것으로 한껏 치장한 Meg가 정신을 차리는 데 도움을 주는 사람이 등장합니다. 바로 Jo의 부탁을 받고 파티에 참석하게 된 Laurie지요. 평소답지 않은 아니, 전혀 어울리지 않는 차림새를 하고 인형 같이 웃고 있는 Meg를 본 Laurie는 표정으로 말하고, Meg는 그런 Laurie가 불편합니다. Meg가 느끼는 이 불편함의 정체는 무엇일까요? 쉽게 말해 '찔리는' 감정이 아니었을까요?

예쁘긴 하지만 자신답지 않은 모습임을 Meg 자신도 잘 알기에 "Don't you like me so?(내 모습이 맘에 안 들어?)", "Why not?(왜 맘에 안 드는데?)"이라고 자꾸만 물으며 Laurie의 생각을 확인하려고 한 게 아닐까요? 그렇게 묻는 Meg에게 Laurie는 "I don't like fuss and feathers.(난 지나치게 공들인 허세스런 치장은 별로야.)"라고 솔직하게 말합니다. 그 말을 듣고 기분이 나빠진 Meg는 Laurie에게 무례하다고 화를 내고 그 자리를 벗어나지만, 파티에 참석한 사람 중 한 명인 Lincoln 소령이 "She's nothing but a doll tonight.(저 아가씨는 오늘 밤 그저 인형일 뿐이네요.)"이라고 하는 말을 듣자 Meg는 자신이 한 행동을 후회합니다.

부유하고 화려한 가족들 틈에서 자신이 'a very destitute and much injured girl(매우 궁핍하고 딱한 아이)'이라고 느꼈던 Meg를 '저렇게 허영심이 가득하다니!'라며 쉽게 비난할 수 있을까요? 《천로역정》의 작가 존 번연은 '허영의 시장'을 선택의 장소로 설정하지 않았습니다. 그곳은 천상의 도시를 향해서 가는 사람들이라면 누구나 반드시 거쳐 가야만 하는 곳이었지요. 그 말은 곧, 부귀영화에 대한 욕망은 누구에게나 있지만, 이런 유혹과 좌절을 이겨내는 사람만이 천상의 도시에 다다를 수 있다는 교훈과 같다고 할 수 있겠습니다.

나의 진짜 모습이 아니라 사람들에게 보이고 싶은 모습만 좇다가 창피를 당한 Jackdaw와 Meg가 비록 유혹을 이기지 못하고 쓰러졌지만, 어쩌면 그 일로 인해서 우리보다 앞서서 깨달음을 얻고, 천상의 도시에 가 있을지도 모를 일입니다.

*Write a favorite sentence

_____

_____

자신이 아름다운 모습이 아니라 우스꽝스러운 모습을 하고 있다는 것을 깨달은 Meg는 좋아하는 왈츠가 나와도 춤을 추지 않고 한쪽 구석에 가만히 서 있다. 그러다가 누가 어깨를 건드려서 보니 Laurie가 진심으로 사과를 건네며 춤을 청한다. Meg도 누그러진 마음으로 Laurie와 춤을 추면서 집에 가면 오늘 입은 드레스 얘기는 하지 말아 달라고 부탁한다. 그러면서 자기가 얼마나 어리석었는지 직접 고백하겠다고 말한다.

Ned Moffat가 Meg에게 또다시 춤을 신청하러 오는 걸 보면서 Meg는 귀찮아했지만, Ned의 친구와 샴페인도 마시고 스스로 자신을 '인형'이라고 칭하면서 가식적인 모습으로 파티를 즐긴다. Laurie는 그런 Meg의 모습이 못마땅하다. 그렇게 여느 여자애들처럼 춤추고 남자들과 시시덕거리며 수다를 떨면서 파티를 보낸 Meg는 다음 날 종일 앓았고, 2주 동안 놀아서 지친 몸을 이끌고 토요일에 집으로 돌아온다.

Meg가 멋진 곳에서 놀고 와서 집이 우중충하고 초라해 보인다고 할까 봐 March 부인이 걱정했던 것과는 달리, Meg는 조용히 지내는 게 좋고, 화려하지 않아도 자신의 집이 좋다고 말한다. 하지만 뭔가가 계속 마음을 무겁게 짓누르고 있음을 느낀다. 어린 동생들이 잠자리에 들자, Meg는 엄마와 Jo에게 파티에서 있었던 일을 전부 털어놓으며 자신이 어리석게 행동해서 스스로를 웃음거리로 만들었다고 고백한다. 딸의 사소한 어리석음을 나무라고 싶은 마음이 없는 March 부인은 예쁜 딸의 풀 죽은 얼굴을 바라보면서 할 말이 더 있는지 묻는다. Meg는 그보다 더 속상했던 건 사람들이 자신의 가족들과 Laurie에 대해서 이러쿵저러쿵 떠드는 것이었다고 털어놓는다.

메그, 허영의 시장에 가다 3

모패트 집에서 사람들이 자신의 가족들과 로리에 대해서 하는 말들에
상처를 받은 메그가 자신의 경솔한 행동과 허영심을 자책하며 엄마와 조 앞에서
파티에서 있었던 일들을 털어놓습니다. 엄마는 딸에게 무슨 말을 해 줄까요?

그러고 나서 메그는 모패트 씨 집에서 들었던 이런저런 소문을
이야기했다. 이야기를 듣는 동안 조는 엄마가 입술을 앙다무는
것을 보았다. 순수한 메그의 머릿속에 그런 생각이 들도록
말했다는 게 기분이 좋지 않은 듯했다.

"그런 말 같지도 않은 소리는 처음 들어 봐." 조가 분개해서
소리쳤다. "언니는 (말도 안 되는 소리라고) 왜 그 자리에서 바로
끼어들어서 말하지 않았어?"

"그럴 수 없었어. 너무 당황했거든. 처음엔 그냥 듣고 있었는데,
너무 화가 나고 부끄러워서 그 자리를 벗어나야겠다는 생각도 못
했어."

"내가 애니 모패트를 만날 때까지 기다려 봐. 이런 어처구니없는
일을 어떻게 처리하는지 내가 보여 줄게. '계획'이 있었다는 둥
로리가 부자라서 친하게 지내고 있고 머지않아 우리 중 한 명이랑
결혼할지도 모른다니! 가난한 우리를 두고 그렇게 멍청한 소리를
했다는 걸 들으면 로리도 화가 나서 소리칠걸?" 조는 다시 생각해
보니 너무 웃기는 말들이라 웃음을 터뜨렸다.

Meg Goes to Vanity Fair #3

rubbish 헛소리 indignantly 분개하여 by and by 머지않아
on second thoughts 다시 생각해 보니 worldly 세속적인 ill-bred 버릇없는
vulgar 저속한 unmaidenly 숙녀답지 않은

Then she told the various bits of gossip she had heard at the Moffats', and as she spoke, Jo saw her mother fold her lips tightly, as if ill pleased that such ideas should be put into Meg's innocent mind.

"Well, if that isn't the greatest rubbish I ever heard," cried Jo indignantly. "Why didn't you pop out and tell them so on the spot?"

"I couldn't, it was so embarrassing for me. I couldn't help hearing at first, and then I was so angry and ashamed, I didn't remember that I ought to go away."

"Just wait till I see Annie Moffat, and I'll show you how to settle such ridiculous stuff. The idea of having 'plans' and being kind to Laurie because he's rich and may marry us by and by! Won't he shout when I tell him what those silly things say about us poor children?" And Jo laughed, as if on second thoughts the thing struck her as a good joke.

"로리한테 말하면 가만 안 둘 거야! 엄마, 절대 그러면 안 되는 거죠?" 메그가 곤란해하며 물었다.

"안되지, 그런 바보 같은 소문은 다시 입에 올리지 말고, 되도록 빨리 잊으렴." 마치 부인이 진지하게 말했다. "잘 알지도 못하는 사람들한테 메그 너를 보내다니 엄마가 현명하지 못했어. 그 사람들은 친절하기는 하지만 속물인 데다 예의가 없구나. 게다가 젊은 사람들을 두고 그런 천박한 생각을 하다니. 이번 방문에서 네가 겪은 안 좋은 일들을 생각하니 말로 다 할 수 없이 미안하구나, 메그야."

"미안해하지 마세요, 엄마. 상처받지 않을 거예요. 안 좋았던 일은 다 잊고 좋았던 일만 기억할 거예요. 재미있었던 일도 많았으니까요. 다녀오라고 허락해 주셔서 감사하게 생각해요. 감정적으로 대응하지도 않고 불평하지도 않을래요, 엄마. 제가 아직 철없는 아이인 거 알아요. 스스로 잘 처신할 수 있을 때까지 엄마 곁에 있어야겠어요. 그런데 다들 칭찬하고 감탄하니까 정말 좋기는 했어요. 그건 좋았다고 말할 수밖에 없네요." 메그는 수줍은 듯 고백했다.

"그건 너무나 자연스러운 마음이야. 칭찬과 감탄에 사로잡혀서 어리석고 숙녀답지 못한 행동을 하지만 않는다면 해가 될 게 없지. 가치 있는 칭찬이 어떤 것인지 알고 중요하게 여기는 법을 배워야 한단다, 메그야. 훌륭한 사람들에게 존경받을 수 있도록 매력적일 뿐만 아니라 겸손할 줄도 알아야 하고."

"If you tell Laurie, I'll never forgive you! She mustn't, must she, Mother?" said Meg, looking distressed.

"No, never repeat that foolish gossip, and forget it as soon as you can," said Mrs. March gravely. "I was very unwise to let you go among people of whom I know so little, kind, I dare say, but worldly, ill-bred, and full of these vulgar ideas about young people. I am more sorry than I can express for the mischief this visit may have done you, Meg."

"Don't be sorry, I won't let it hurt me. I'll forget all the bad and remember only the good, for I did enjoy a great deal, and thank you very much for letting me go. I'll not be sentimental or dissatisfied, Mother. I know I'm a silly little girl, and I'll stay with you till I'm fit to take care of myself. But it is nice to be praised and admired, and I can't help saying I like it," said Meg, looking half ashamed of the confession.

"That is perfectly natural, and quite harmless, if the liking does not become a passion and lead one to do foolish or unmaidenly things. Learn to know and value the praise which is worth having, and to excite the admiration of excellent people by being modest as well as pretty, Meg."

💬 파티에서 돌아와서도 무거운 마음을 내려놓을 길이 없었던 Meg는 가장 믿을 수 있는 동생 Jo와 엄마에게 무슨 일이 있었는지 전부 털어놓습니다. 특히 가족들과 Laurie에 대한 소문이 듣기 힘들었다고 하는 Meg의 말에 Jo는 "Well, if that isn't the greatest rubbish I ever heard.(그런 말 같지도 않은 소리는 처음 들어 봐.)", "Why didn't you pop out and tell them so on the spot?(왜 그 자리에서 바로 끼어들어서 말하지 않았어?)"이라고 말하며 분한 마음을 감추지 못합니다. 그러면서 "I'll show you how to settle such ridiculous stuff.(이런 어처구니없는 일을 어떻게 처리하는지 내가 보여 줄게.)"라는 Jo다운 말을 한마디 덧붙입니다. 듣기만 해도 참 든든한 말입니다.

위안과 위로, 따뜻하면서도 유용한 삶의 조언이 필요할 때마다 March 자매들은 엄마에게 모여듭니다. 이번에도 어김없이 엄마에게 모든 걸 털어놓고 의지합니다. 엄마는 왜 그렇게 어리석게 굴었는지 따지기보다는, Meg가 당치도 않은 소문으로 상처를 받진 않았을지를 걱정합니다. "I was very unwise to let you go among people of whom I know so little.(잘 알지도 못하는 사람들한테 메그 너를 보내다니 엄마가 현명하지 못했어.)"이라는 말에서처럼 엄마가 한발 더 나아가 생각하지 못했음을 미안해하죠. 작가의 실제 어머니도 이랬을까 궁금해집니다.

앞서 언급한 적이 있는 작가의 어머니 아바 올콧의 모습을 이상화한 캐릭터가 작품 속 March 부인입니다. 작품 속 March 부인보다는 화를 잘 내는 성격이기는 했지만, 딸들에 관한 생각은 작품 속에 드러난 것과 크게 다르지 않았다고 합니다. 전기 작가 Eve LaPlante(이브 러플랜트)의 정리에 따르면 아바 올콧은 딸들에게 "A woman can accomplish as much as a man... (중략) Educate yourself up to your senses. Be Something in yourself. Let the world know you are alive. Wait for no man.(여자도 남자들이 이루는 만큼 성취할 수 있단다. 네 지성을 최대한으로 활용해서 배우렴. 스스로 무언가를 이룩하렴. 너희들이 살아 있다고 세상에 알리렴. 그렇게 해 줄 남자를 기다리지 말거라.)" 이렇게 조언을 했다고 합니다. 그리고 자신의 딸들이 진정한 그들의 가치는 외적인 것에 있는 게 아니라 지성과 인품에 있다는 것을 확실하게 이해하도록 애를 썼다고 합니다. 마지막 줄에 "Learn to know and value the praise which is worth having, and to excite the admiration of excellent people by being modest as well as pretty, Meg.(가치 있는 칭찬이 어떤 것인지 알고 중요하게 여기는 법을 배워야 한단다, 메그야. 훌륭한 사람들에게 존경받을 수 있도록 매력적일 뿐만 아니라 겸손할 줄도 알아야 하고.)"라는 March 부인의 말은 내면에서 흘러나오는 아름다움과 품위를 강조했던 아바 올콧의 교육관과 일맥상통합니다.

이 장의 마지막 부분에는 엄마가 정말 사람들이 말하는 '계획'이 있는지 궁금해하는 Meg의 질문에 March 부인이 대답하는 장면이 있는데요, 작가의 어머니에 대해서 알고 나니 마치 100년도 훨씬 전에 살았던 아바 올콧의 목소리가 들리는 듯합니다. 여러 번 곱씹어 읽게 되는 이 부분은 여운이 참 오래 남습니다.

"I am ambitious for you, but not to have you make a dash in the world, marry rich men merely because they are rich, or have splendid houses, which are not homes because love is wanting."

(엄마는 너희들이 잘 살기를 바라지만, 너희를 단지 부자라거나 화려한 저택이 있다는 이유만으로 돈 많은 남자와 결혼시켜서 사랑이 없는 집에서 사는 세상으로 내몰고 싶지는 않단다.)

"Money is a needful and precious thing, and when well used, a noble thing, but I never want you to think it is the first or only prize to strive for."

(돈은 필요하고 귀중한 거라서 잘 쓰면 고귀한 것이지만, 난 너희들이 돈을 최우선으로 생각하거나 오로지 돈만을 좇는 것은 원치 않는단다.)

*Write a favorite sentence

_____

_____

봄이 오자 새로운 놀이가 유행했고, 낮이 길어진 덕분에 오후 동안 온갖 일과 놀이를 할 수 있었다. 자매들은 날씨가 좋으면 정원을 가꾸고, 산책하고, 강에서 배를 타고, 꽃을 꺾으러 다녔다. 비가 내리면 집에서 예전에 하던 놀이나 새로운 놀이를 했는데, 비밀 조직이 유행이라 자매들도 하나 만들기로 한다. 이름은 자매들이 좋아하는 Charles Dickens(찰스 디킨스)의 작품 중 《The Pickwick Papers(픽윅 클럽 여행기)》에서 이름을 따서 'Pickwick Club(픽윅 클럽)'이라고 짓는다. 매주 한 편씩 글을 제출하고 토요일 저녁에 큰 다락방에 모여서 이야기, 시, 동네 소식, 건의 사항 등 다양한 글이 실린 소식지를 함께 읽는 모임인데, 몇 번 빼먹기는 했어도 이 모임은 일 년 동안 이어진다.

어느 날, Jo는 픽윅 클럽에 Laurie라는 이름의 새로운 회원을 영입하는 것이 어떤지 묻는다. 자매들은 모두 찬성했고, 그렇게 Laurie는 픽윅 클럽의 정식 회원이 된다. Laurie는 자신을 회원으로 받아 준 데 대한 감사의 표시로 정원 울타리 한쪽 구석에 우편함을 설치했는데, 이것이 서로의 시간을 절약해 줄 수 있을 거라고 하면서 열쇠도 각각 가지고 있자고 제안한다. 우편함은 작지만 중요한 역할을 하고 바삐 돌아간다.

여름이 되고 Meg가 가정교사로 일하는 King 씨네 가족이 바닷가로

3개월간 떠나게 되어 Meg도 뜻밖의 휴가를 맞이한다. 쉬는 동안 무엇을 할 건지 Amy가 묻자 Meg는 늦잠을 자고 아무것도 하지 않겠노라 선언한다. March 작은할머니도 떠나시는 바람에 Meg와 함께 휴가를 맞이한 Jo는 책을 산더미처럼 쌓아 놓고 오래된 사과나무에 올라가서 독서를 하며 보낼 생각이다. Beth와 Amy도 언니들처럼 덩달아 공부도 하지 않고 놀면서 쉬겠다고 한다. 엄마는 놀기만 하는 건 놀지 못하는 것만큼이나 좋지 않다는 걸 알게 되겠지만, 일주일 동안 실험을 해 보자고 제안한다. 금요일이 되자 실험이 지겹다고 인정한 사람은 없었지만, 모두 일주일이 거의 끝났다며 다행스러워한다. 엄마는 딸들이 놀기만 하면 어떤 일이 생기는지 가슴 깊이 새길 수 있도록 하녀 Hannah에게 휴가를 주고 유머 감각을 발휘해 적당히 실험을 마치려 한다. Hannah가 없는 동안 주방은 엉망진창이 되고, 설상가상으로 새장 속 카나리아도 죽게 된다. 자매들은 저마다 이 실험을 통해서 배운 바를 말하고, 엄마는 앞으로 딸들이 즐거우면서도 유익한 하루하루를 보내서 비록 가난하더라도 아름답고 성공적인 인생을 꾸려 나가기를 당부한다.

어느덧, 7월이 오고 여느 때와 같이 Beth는 우편함에서 우편물을 가지고 온다. 주로 집에 있는 Beth이기에 주기적으로 우편함을 확인하는 것은 Beth의 일이었다. 엄마에겐 Laurie가 보낸 꽃다발을, Meg에겐 장갑 한 짝을, Jo에겐 편지 두 통, 책 한 권, 그리고 큰 모자를 배달했다. Jo에게 온 편지 중 하나는 Laurie가 보낸 것이었는데, Laurie는 편지에서 Jo를 포함한 March 자매들에게 자신의 영국 친구들과 함께 Longmeadow(롱메도우)로 피크닉을 떠나자고 제안한다.

약속한 날에 롱메도우에 모인 젊은이들은 먼저 크로케 경기를 한다. 서로 치열하게 겨루고, Jo와 Fred는 몇 차례 언쟁을 벌이다 못해 급기야 고성이 오갈 뻔한 상황에 이른다. 그러다가 Fred는 공을 자세히 들여다보는 척하며 발로 공을 슬쩍 민다. 그 장면을 Jo가 보게 되고 둘은 다시 한번 티격태격하지만, Jo는 간신히 참고 잘 넘긴다.

그렇게 치열한 경기를 벌인 젊은이들은 모여서 점심을 먹는다. 모든 것이 싱그럽고 재미있었으며 웃음이 터지는 즐거운 식사를 하고 게임을 한다. 이야기 이어 나가기 게임, 진실 게임 등을 하고 몇몇은 작가 맞추기 게임을 한다. 그러는 사이 Kate, Meg, Brooke 선생님은 떨어져 앉아 이야기를 나눈다.

Day 18

로런스 캠프

'로런스 캠프'라는 이름으로 피크닉을 떠난 젊은이들입니다.
이곳에서 로리의 가정교사인 브룩 선생님과 메그가
처음으로 이야기를 나누게 됩니다.

케이트는 안경을 추켜올리며 두 사람의 광경을 유심히 지켜보더니, 스케치북을 덮고 거들먹거리며 말했다. "억양이 좋네요. 머지않아 능숙하게 읽겠어요. 계속 배우기를 권할게요. 독일어는 가정교사가 배워 두면 좋거든요. 난 그레이스를 살피러 가야겠어요. 너무 정신없이 뛰어다니네요." 케이트는 천천히 걸어가다가 어깨를 으쓱하며 중얼거렸다. "가정교사 발음이나 봐 주려고 여기 온 게 아닌데. 저 여자애는 어리고 예쁘긴 하지만. 양키들은 정말 이상해. 로리가 저런 사람들이랑 어울리면서 물들까 봐 걱정이야."

"영국인들이 미국인들하고는 다르게 여자 가정교사를 무시하는 게 있다는 걸 잊고 있었네요." 멀어져 가는 케이트를 보면서 메그가 화난 표정으로 말했다.

"안타깝지만 영국에서는 남자 가정교사도 힘들다고 알고 있어요. 우리 같은 가정교사들에게는 미국만큼 좋은 곳이 없죠, 마거릿 양." 브룩 선생님이 만족스럽고 생기있어 보여서 메그는 힘들다고

Camp Laurence

tableau 광경 condescension 생색내는 듯한 태도 romp 뛰어놀다
chaperone 샤프롱(보호자) 역할을 하다 governess 여자 가정교사
turn up one's nose at ~을 비웃다 retreat 멀어져 가다 lament 한탄하다 turf 잔디

Miss Kate put up her glass, and, having taken a survey of the little tableau before her, shut her sketch book, saying with condescension, "You've a nice accent and in time will be a clever reader. I advise you to learn, for German is a valuable accomplishment to teachers. I must look after Grace, she is romping." And Miss Kate strolled away, adding to herself with a shrug, "I didn't come to chaperone a governess, though she is young and pretty. What odd people these Yankees are. I'm afraid Laurie will be quite spoiled among them."

"I forgot that English people rather turn up their noses at governesses and don't treat them as we do." said Meg, looking after the retreating figure with an annoyed expression.

"Tutors also have rather a hard time of it there, as I know to my sorrow. There's no place like America for us workers,

한탄한 게 부끄러워졌다.

"그렇다면 미국에 사는 게 다행이네요. 제 일을 좋아하지는 않지만, 보람도 크니까 불평하지 않을래요. 선생님처럼 저도 가르치는 걸 좋아하면 좋겠어요."

"로리 같은 학생을 가르치면 좋아하게 될 거예요. 내년에는 로리를 가르칠 수 없다니 아쉽군요." 브룩 선생님이 잔디에 구멍을 내며 말했다.

"대학에 가나 봐요?" 메그의 입은 이렇게 물었지만, 눈은 "그럼 선생님은 어떻게 되나요?"라고 묻고 있었다.

"네, 로리에게 딱 좋은 시기가 됐어요. 준비도 됐고요. 로리가 대학에 가면 저는 바로 입대하려고 해요."

"좋은 생각이네요!" 메그가 감탄했다. "요즘 같은 상황에서 젊은 남자라면 모두 입대하고 싶겠죠. 집에 남은 어머니들과 누이들은 힘들겠지만요." 메그가 슬프게 말했다.

"전 어머니도 누이도 없고, 친구도 별로 없어서 제가 죽든 말든 신경 쓸 사람이 없어요." 브룩 선생님이 씁쓸하게 말하며 무심코 시든 장미를 잔디 구멍에 넣고 무덤처럼 흙으로 덮었다.

Miss Margaret." And Mr. Brooke looked so contented and cheerful that Meg was ashamed to lament her hard lot.

"I'm glad I live in it then. I don't like my work, but I get a good deal of satisfaction out of it after all, so I won't complain. I only wished I liked teaching as you do."

"I think you would if you had Laurie for a pupil. I shall be very sorry to lose him next year," said Mr. Brooke, busily punching holes in the turf.

"Going to college, I suppose?" Meg's lips asked the question, but her eyes added, "And what becomes of you?"

"Yes, it's high time he went, for he is ready, and as soon as he is off, I shall turn soldier. I am needed."

"I am glad of that!" exclaimed Meg. "I should think every young man would want to go, though it is hard for the mothers and sisters who stay at home," she added sorrowfully.

"I have neither, and very few friends to care whether I live or die." said Mr. Brooke rather bitterly as he absently put the dead rose in the hole he had made and covered it up, like a little grave.

💬 《작은 아씨들》의 열두 번째 장인 'Camp Laurence(로런스 캠프)'에서는 그 시대의 젊은이들이 피크닉을 즐기는 모습을 엿볼 수 있습니다. Laurie의 영국 친구들과 March 자매들이 가까운 곳으로 배를 타고 나가서 텐트도 치고, 크로케 경기도 하고, 준비한 음식을 먹으면서 즐거운 하루를 보내지요.

영국 친구들과 미국인인 March 자매들이 은근히 신경전을 벌이는 모습이 재미있어요. 이 장면의 앞에서 크로케 경기 중에 Fred가 속임수를 쓰자, 그 모습을 Jo가 보고 지적합니다. Fred는 오히려 "Yankees are a deal the most tricky, everybody knows.(속임수를 잘 쓰는 건 양키들이라는 걸 다들 잘 알 텐데요.)"라며 뻔뻔한 태도를 보입니다. 그런 Fred에게 Jo는 "Yankees have a trick of being generous to their enemies.(양키들의 속임수는 적에게 아량을 베푸는 거죠.)"라고 받아치며 상대를 무안하게 만들죠.

앞서 Fred와 Jo의 대결(?)이 있었다면 이번엔 Kate와 Meg의 대결입니다. 한껏 독일어 발음을 뽐낸 Kate에게는 아무런 반응이 없던 Mr. Brooke이 Meg의 서투른 발음에는 칭찬을 아끼지 않자 자리를 뜨는 Kate입니다. "I didn't come to chaperone a governess.(내가 가정교사 발음이나 봐 주려고 여기 온 게 아닌데.)"라는 말도 기분이 나쁠 법한데, "I'm afraid Laurie will be quite spoiled among them.(로리가 저런 사람들이랑 어울리면서 물들까 봐 걱정이야.)"이라는 말까지 하며 상대를 얕보고 있음을 증명합니다. 이렇게 노골적으로 영국인을 부정적으로 그리고 있다니, 작가는 영국과 관련해서 좋지 않은 경험이라도 있는 걸까요?

　미국에서 남북전쟁이 발발하고 장기화되면서 영국, 프랑스 등 많은 유럽 국가들이 정치적인 이유로, 혹은 식량(옥수수)·면화 공급 등 여러 가지 이유로 북군을 지지할지, 남군을 지지할지 복잡한 셈을 했다고 합니다. 영국은 Union(남북전쟁 중 북군)을 적극적으로 지원하는 것을 거절했고, 그런 영국에 대해서 올콧 가족은 감정이 좋지 않았다고 합니다. 게다가 아버지와 함께 Fruitlands를 설립한 사람 중 한 명인 Charles Lane(찰스 레인)이라는 사람이 영국인이었는데, 거만하며 비현실적이고 호감이 가지 않는 개혁가였다고 합니다. 처음 알게 된 영국인 남자에 대한 인상이 좋지 않았던 거지요. 또한 루이자는 1865년부터 1866년까지 유럽에 머물게 되는데요, 하필 영국에서 그녀가 만난 사람들은 북군이 아닌 남군을 많이 지지했고 그런 모습에 적잖이 충격을 받았다고 합니다. 작품 속에서 왜 Laurie의 영국 친구들은 엘리트주의적이며 이중성을 지니고 배신을 잘하는 모습으로, 그와 대조적으로 미국인들은 정직하고 관용이 있는 모습으로 그렸는지 이해가 되지요?

　"I forgot that English people rather turn up their noses at governesses and don't treat them as we do.(영국인들이 미국인들하고는 다르게 여자 가정교사를 무시하는 게 있다는 걸 잊고 있었네요.)"라는 Meg의 말에서, 그리고 "Tutors also have rather a hard time of it there, as I know to my sorrow.(안타깝지만 영국에서는 남자 가정교사도 힘들다고 알고 있어요.)"라는 Mr. Brooke의 말에서 당시 영국에서 '가정교사'라는 직업이 어떤 지위에 있었는지 짐작할 수 있습니다. 잘 사는 사람들은 가정교사로 일하는 것이 아니라, 그들을 고용할 수 있는 위치에 있는 사람들이지요. 특히 "There's no place like America for us workers.(우리 같은 가정교사들에게는 미국만큼 좋은 곳이 없죠.)"라는 말에서 미국은 영국과 달리 평등한 곳임을 은연중에 내비치고 있습니다.

Kate 덕분(?)에 공감대를 형성한 두 사람은 이야기를 이어 나갑니다. Laurie가 대학에 가면 입대할 생각이라는 말에 Meg는 "I should think every young man would want to go, though it is hard for the mothers and sisters who stay at home,(요즘 같은 상황에서 젊은 남자라면 모두 입대하고 싶겠죠. 집에 남은 어머니들과 누이들은 힘들겠지만요.)"이라고 화답합니다. 전쟁 중이었던 미국은 애국심을 강조하는 분위기를 만들어야 했을 텐데요, 작가가 남자들은 입대해서 전쟁에 참여하는 것으로, 여자들은 힘든 상황을 견디고 열심히 생활하는 것으로 나라에 보탬이 될 수 있다고 말하는 듯합니다.

입대할 생각이라는 말 이전에 이미 눈으로 "And what becomes of you?(그럼 선생님은 어떻게 되나요?)"라고 묻고 있던 Meg였는데요, "I have neither, and very few friends to care whether I live or die.(전 어머니도 누이도 없고, 친구도 별로 없어서 제가 죽든 말든 신경 쓸 사람이 없어요.)"라는 Brooke의 말이 Meg의 마음을 툭 건드린 건 아닌지 궁금해집니다. 사랑은 아주 작은 것에서 시작되는 법이니까요.

*Write a favorite sentence

_____

_____

Meg와 Brooke 선생님이 이야기를 나누는 동안 Amy는 Grace와, Beth는 Frank와 이야기를 나누며 자신들의 시간을 즐긴다. 남은 오후는 즉흥 서커스, 여우와 거위 놀이, 화기애애한 크로케 경기를 하며 보낸다. 저무는 해가 텐트를 비추자 바구니에 남은 음식과 물건을 챙겨서 배를 탄다. 강을 따라 내려가며 감상에 빠진 Ned는 세레나데의 후렴을 부른다. 그 모습에 웃음을 터뜨리기도 하고 이야기도 주고받으며 즐겁게 집으로 돌아온다. 소풍에 참여한 사람들은 처음 모였던 잔디밭에서 다정하게 잘 자라고 인사하고, 캐나다로 떠나는 Vaughn 가족에게는 작별 인사를 건네며 헤어진다.

9월의 어느 더운 오후, Laurie가 흔들리는 해먹에 느긋하게 누워 있다. 기분도 별로 좋지 않고, 쓸데없이 시간을 보내는 바람에 불만이 쌓여서 하루를 다시 시작하고 싶은 심정이다. 해먹에 털썩 누워 세상의 이런저런 일들에 씩씩대고 나니 자신도 모르는 사이에 다시 차분해진다. 어디선가 들려오는 목소리에 시선을 뺏겨서 쳐다보니 March 자매들이 마치 탐험이라도 떠나는 듯이 밖으로 나오고 있다. 자매들의 평소 모습과는 달라서 대체 무얼 하려는 건지 Laurie는 더욱 궁금해진다. 배 열쇠를 깜빡한 듯싶어서 열쇠를 가지고 서둘러 뒤쫓아 갔지만, 자매들의 모습은 보이지 않는다. 주위를 살펴보려고 언덕에 올라가자 드디어 자매들의 모습이 보인다. 그 모습이 마치 작고 아름다운 그림 같다.

조용히 자매들에게 다가간 Laurie는 자신도 끼워 줄 수 있는지 묻는다. Meg는 아무것도 하지 않고 빈둥대면 규칙 위반이니, 뭐라도 하겠다면 끼워 주겠다고 대답한다. Laurie는 무엇이든 하겠다고 약속하고, 뜨개질 하는 자매들에게 책도 읽어 주고, 말벗도 해 주며 함께 시간을 보낸다. 그러다가 자매들과 Laurie의 대화는 자연스럽게 훗날 가고 싶은 '천상의 도시' 이야기로 흘러간다.

Day 19

하늘의 성

9월의 어느 날,
마치 자매들과 로리가 둘러앉아 자신들의 미래를 어렴풋이 그려 봅니다.
이들은 자신들의 미래를 어떻게 꿈꾸고 있을까요?

"정말 재미있지 않을까? 우리가 상상하는 하늘의 성들이 모두 진짜로 생기고, 그 안에서 살 수 있다면 말이야." 잠시 침묵이 흐른 뒤에 조가 말했다.

"나는 상상을 너무 많이 해서 하나를 고르기 힘들겠는데." 로리가 잔디밭에 누워서 좀 전에 자신을 배신한 다람쥐에게 솔방울을 던지며 말했다.

"그중에 제일 좋아하는 걸 선택해야지. 어떤 게 제일 좋아?" 메그가 물었다.

"내가 얘기해 주면, 누나도 말할 거야?"

"그럼, 다들 얘기하면."

"우리도 말할게. 말해 봐, 로리."

"세상을 실컷 돌아보고 나서 독일에 자리 잡고, 하고 싶은 음악을 원 없이 하고 싶어. 난 유명한 음악가가 되고 온 세상 사람들이 내 음악을 들으러 몰려오는 거지. 돈이나 일 같은 건 신경 쓰지 않고, 즐기면서 좋아하는 걸 하고 사는 거야. 그게 제일 맘에 드는 성에서의 삶이야. 메그 누나는?"

Castles in the Air

"Wouldn't it be fun if all the castles in the air which we make could come true, and we could live in them?" said Jo, after a little pause.

"I've made such quantities it would be hard to choose which I'd have,"said Laurie, lying flat and throwing cones at the squirrel who had betrayed him.

"You'd have to take your favorite one. What is it?" asked Meg.

"If I tell mine, will you tell yours?"

"Yes, if the girls will too."

"We will. Now, Laurie."

"After I'd seen as much of the world as I want to, I'd like to settle in Germany and have just as much music as I choose. I'm to be a famous musician myself, and all creation is to rush to hear me. And I'm never to be bothered about money or business, but just enjoy myself and live for what I like. That's my favorite castle. What's yours, Meg?"

메그는 정작 말로 하려니 조금 어려운 듯했다. 그래서 고사리로 부채질을 해서 있지도 않은 각다귀를 쫓는 시늉을 하며 느릿느릿 말을 꺼냈다. "난 온갖 호화로운 것들 그러니까, 맛있는 음식, 예쁜 옷, 멋진 가구, 유쾌한 사람들, 돈이 산더미처럼 가득한 멋진 집이 좋아. 내가 그 성의 안주인이 되어서 원하는 대로 꾸미는 거지. 수많은 하인을 거느려서 나는 손 하나 까딱하지 않아도 되고. 얼마나 좋을까! 그렇다고 아무것도 안 하고 빈둥대겠다는 말은 아니고, 좋은 일을 해서 모두에게서 정말 사랑받는 사람이 될 거야."

"누나가 좋아하는 하늘의 성에 남편은 없어?" 로리가 짓궂게 물었다.

"내가 '유쾌한 사람들'이라고 했잖아." 메그가 이렇게 대답하면서 신발 끈을 꼼꼼히 묶어서 아무도 메그의 표정은 보지 못했다.

"왜 멋있고, 현명하고, 착한 남편과 천사 같은 아이들이 있다고 얘기하지 않는 거야? 언니의 성은 이들이 없으면 완성되지 않을 텐데." 조가 불쑥 물었다. 조는 책에 나오는 이야기 말고는 아직 멋진 연애에 대해 상상해 본 적이 없고, 오히려 조금은 냉소적이었다.

"네가 상상하는 성에는 말, 잉크스탠드, 소설책밖에 없잖아." 메그가 부아를 내며 대답했다.

Margaret seemed to find it a little hard to tell hers, and waved a brake before her face, as if to disperse imaginary gnats, while she said slowly, "I should like a lovely house, full of all sorts of luxurious things—nice food, pretty clothes, handsome furniture, pleasant people, and heaps of money. I am to be mistress of it, and manage it as I like, with plenty of servants, so I never need work a bit. How I should enjoy it! For I wouldn't be idle, but do good, and make everyone love me dearly."

"Wouldn't you have a master for your castle in the air?" asked Laurie slyly.

"I said 'pleasant people', you know," And Meg carefully tied up her shoe as she spoke, so that no one saw her face.

"Why don't you say you'd have a splendid, wise, good husband and some angelic little children? You know your castle wouldn't be perfect without," said blunt Jo, who had no tender fancies yet, and rather scorned romance, except in books.

"You'd have nothing but horses, inkstands, and novels in yours," answered Meg petulantly.

😊 누구나 한 번쯤 '나는 ○○년 뒤에 어떤 모습으로 살고 있을까?' 하는 생각을 하게 마련입니다. 특히나 March 자매들과 Laurie처럼 아직 인생의 초반인 십 대를 살고 있다면 더욱 자주 미래를 그려 보겠죠? 이번 장의 제목인 'Castles in the Air(하늘의 성)'는 물론 종교적인 의미도 담고 있습니다. '먼 훗날 가고 싶은 곳'에 대한 이야기에서 끝났을 수도 있던 대화가 Jo의 "Wouldn't it be fun if all the castles in the air which we make could come true, and we could live in them?(정말 재미있지 않을까? 우리가 상상하는 하늘의 성들이 모두 진짜로 생기고, 그 안에서 살 수 있다면 말이야.)"이라는 질문 하나로 각자의 꿈이라는 화제로 이어지게 됩니다. 여기서 말하는 꿈들은 앞에서 봤던 인물들의 성격, 더 나아가서는 전체적인 줄거리와 연결이 되어 있습니다.

Laurence 할아버지는 손자인 Laurie의 음악 사랑을 못마땅하게 여깁니다. 그 이유는 5장 'Being Neighborly(이웃이 된다는 것)'의 끝부분에서 "Laurence 씨가 탐탁지 않게 생각하던 Laurie 엄마의 모습이 떠올라서가 아닐까"라며 March 부인이 딸들에게 설명한 바 있습니다. Laurence 씨를 오래 알고 지낸 March 부인의 합리적인 추측으로 끝날 수 있었던 이 이야기가 이번에는 Laurie의 입을 통해서 확인되고 있는 것이지요. 어떤 하늘의 성을 원하는지 묻자, Laurie는 "I'd like to settle in Germany and have just as much music as I choose.(독일에 자리 잡고, 하고 싶은 음악을 원 없이 하고 싶어.)"라고 대답합니다. 그리고 또, "I'm never to be bothered about money or business, but just enjoy myself and live for what I like.(돈이나 일 같은 건 신경 쓰지 않고, 즐기면서 좋아하는 걸 하고 사는 거야.)"라는 말도 덧붙입니다. '즐기면서 좋아하는 걸 실컷 하고 산다'란 Laurie의 말이 그저 철없는 아이의 말처럼 들릴 수도 있지만, 사실 누구나 한 번쯤 꿈꾸어 보는 'favorite castle'이 아닐까요?

《작은 아씨들》의 작가 루이자의 어렸을 적 꿈은 무엇이었을까요? 열일곱 살에 루이자는 자신의 일기장에 '(My mother) is a very brave, good woman, and my dream is to have a lovely, quiet home for her, with no debts or troubles to burden her.(엄마는 용감하고 훌륭한 여성이고, 내 꿈은 그런 엄마에게 아름답고 평온한 집을 선사하는 것이다. 빚도 없고, 엄마를 짓누를 골칫거리들도 없는 그런 집.)' 라고 적었다고 합니다. 열일곱 살 소녀의 꿈이라고 하기엔 너무나 현실적인데요, 경제적으로 탄탄하게 집을 이끌지 못했던 작가의 아버지로 인해서 가족들이 짊어졌던 현실의 무게를 짐작하게 합니다. 실제로 루이자는 자신이 꿈꾼 대로 작품으로 돈을 벌어서 가족을 부양했다고 합니다.

하지만 작품 속 Jo는 Laurie의 꿈을 응원합니다. 이어지는 뒷부분에서 할아버지와 본인이 원하는 게 달라서 힘들다는 Laurie의 말에 Jo는 "I advise you to sail away in one of your ships, and never come home again till you have tried your own way,

(네 배들 중 하나를 타고 멀리 항해를 떠나서 원하는 걸 다할 때까지 집에 돌아오지 말아 봐)"라며 Laurie를 부추기는 듯한 말을 합니다. 하지만 곧 현실 감각(?)이 있는 Meg가 "That's not right, Jo. You mustn't talk in that way, and Laurie mustn't take your bad advice. You should do just what your grandfather wishes, my dear boy,(그건 옳지 않아, 조. 네가 그런 식으로 말하는 건 안 돼. 로리가 네 나쁜 충고를 따라서도 안 되고. 로리, 할아버지께서 바라시는 대로 해야 해.)"라는 다소 어머니 같은 말로 두 사람의 위험한 장단을 잠재웁니다.

Meg 역시 자신이 꿈꾸는 하늘의 성에는 온갖 화려한 것들이 가득합니다. 그뿐인가요? 자신은 일하지 않고 다른 사람들의 손으로 집을 꾸려 가는 상상을 합니다. 자신은 그저 '사람 좋은 안주인'의 역할만 하고 싶어 하지요. 현실과 이상의 사이에서 가장 만족스러운 지점을 찾아내는 것은 인간에겐 늘 어려운 숙제이고, Meg도 마찬가지겠죠.

Beth가 원하는 하늘의 성은 조금 다릅니다. "Mine is to stay at home safe with Father and Mother, and help take care of the family,(내 꿈은 아빠와 엄마와 집에서 안전하게 살면서 가족들을 돌보는 데 보탬이 되는 거야.)" (중략) "Since I had my little piano, I am perfectly satisfied. I only wish we may all keep well and be together, nothing else.(피아노가 생겼으니 더할 나위 없이 충분해. 내가 바라는 건 우리 모두 건강하게 함께 지내는 것뿐이야.)"라고 말합니다.

Beth는 이상을 가까운 곳에서 찾고 있네요. 과연 자매들과 Laurie의 꿈은 이루어질까요?

*Write a favorite sentence

_____

_____

각자의 소원을 말하다가 Jo는 10년 뒤에 만나서 몇 명이나 소원을 이뤘는지, 그 소원에 얼마나 다가갔는지 보자고 제안한다.

한편 Laurie는 할아버지를 기쁘게 해 드리고 싶지만 그게 자신의 성격에 맞지 않아서 힘들다고 털어놓는다. 할아버지 곁에 머물 사람이 있다면 당장이라도 자신의 아버지처럼 도망쳐서 원하는 대로 살고 싶다고 한다. 하지만 Meg는 누나답게 우울해하거나 조바심 내지 말고 본분을 다하다 보면 보상을 받을 거라고 달랜다. 그날 저녁 Laurie는 늘 그랬듯이 마음을 가라앉히고 싶어 숨어서 Beth의 피아노 연주를 듣는다. 죽은 손녀를 애틋하게 떠올리는 듯한 할아버지의 모습을 보며 자신이 바라는 하늘의 성은 잊고 할아버지께서 자신을 필요로 하는 동안은 곁에 있어 드리기로 결심한다.

10월이 되자 낮이 점점 쌀쌀해졌고 오후가 짧아졌다. 큰 창으로 햇볕이 따뜻하게 들어오는 두어 시간 동안 Jo는 낡은 소파에 앉아 부지런히 글을 썼다. 집중해서 글을 쓴 Jo는 마침내 마지막까지 채우고 서명을 한다. 그러고는 최선을 다했으니 이게 마음에 들지 않으면 실력을 더 키우는 수밖에 없다고 담담하게 선언한다.

최대한 조용히 모자를 쓰고 뒷문으로 빠져나간 조는 시내로 향한다. 그러고는 조의 행동을 본 사람이라면 누구라도 이상하게 생각했을 법한 행동을 한다. 목적지에 도착하자 안으로 들어가 지저분한 계단을 잠시 우두커니 바라보다가 갑자기 거리로 뛰쳐나갔다가 다시 빠른 걸음걸이로 되돌아갔다. 몇 번이나 이런 행동을 반복하는 Jo를 맞은편에서 흥미롭게 쳐다보고 있는 젊은이가 있었으니 바로 Laurie였다.

건물 입구에 걸린 간판에는 치과도 있었는데 Laurie는 그 때문에 Jo가 그렇게 망설였다고 판단한다. 그리고 혼자 힘들었을 테니 집에 바래다줄 사람이 필요하리라 생각하며 Jo를 기다린다. Laurie의 예상과는 전혀 다른 일을 마치고 온 Jo는 끝까지 비밀로 하려다가 결국 Laurie에게 털어놓게 되고, Laurie는 그런 친구를 자랑스러워하며 응원한다. 그러면서 자신이 알게 된 비밀도 하나 이야기하는데, 다름 아닌 Meg 누나의 잃어버린 장갑 한 짝을 Brooke 선생님이 쭉 가지고 있다는 것이었다. Jo는 그가 언니를 데려갈지도 모른다는 걱정에 사로잡힌다.

그 이후로 1~2주 동안 자매들은 Jo의 수상한 행동에 어리둥절할 뿐이다. 초인종만 울리면 문으로 달려 나갔고, Brooke 선생님을 마주치면 무례하게 굴며 심란한 표정으로 Meg를 바라보기도 한다. 그러던 어느 날 마침내 Jo가 기다리던 소식이 도착한다.

Day 20

비밀

조는 가족들에게 알리지 않은 일이 있습니다.
최대한 조용히 일을 해결하려고 하는데요,
도대체 조에게 무슨 일이 있는 걸까요?

잠시 후 조가 뛰어 들어와 소파에 눕더니 신문을 읽는 척했다.

"뭐 재미있는 기사라도 있어?" 메그가 어른스러운 목소리로 물었다.

"단편 소설이 실렸는데, 대단한 건 아니야." 조는 이렇게 대답하며 신문에 난 이름이 보이지 않도록 조심히 가렸다.

"읽어 줘 봐. 그럼 우리도 즐겁고 언니도 장난 치지 않고 얌전히 있을 수 있잖아." 에이미가 최대한 어른스러운 말투로 말했다.

"제목이 뭐야?" 조 언니가 신문으로 계속 얼굴을 가리는 이유를 궁금해하며 베스가 물었다.

"경쟁하는 화가들."

"재미있겠다. 읽어 줘." 메그가 말했다.

조는 "에헴!" 하고 크게 헛기침을 하고 숨을 길게 내쉬고 나서, 빠르게 읽기 시작했다. 자매들은 재미있어하며 들었다. 이야기가 낭만적이고 마지막에는 등장인물들이 거의 죽어서 애처롭기도 했다.

Secrets

affect ~인 체하다 condescension (아랫사람에 대한) 겸손, 정중
pathetic 애처로운 glimpse 흘긋 봄 countenance 표정 solemnity 근엄함
exult 기뻐서 어쩔 줄 모르다 Dear me! 이런!, 세상에! graciously 자애롭게

In a few minutes Jo bounced in, laid herself on the sofa, and affected to read.

"Have you anything interesting there?" asked Meg, with condescension.

"Nothing but a story, won't amount to much, I guess," returned Jo, carefully keeping the name of the paper out of sight.

"You'd better read it aloud. That will amuse us and keep you out of mischief," said Amy in her most grownup tone.

"What's the name?" asked Beth, wondering why Jo kept her face behind the sheet.

"The Rival Painters."

"That sounds well. Read it," said Meg.

With a loud "Hem!" and a long breath, Jo began to read very fast. The girls listened with interest, for the tale was romantic, and somewhat pathetic, as most of the characters died in the end.

"나는 멋진 그림 이야기가 나와서 맘에 들어." 조가 다 읽고 나자 에이미가 긍정적인 평가를 내렸다.

"나는 연인들이 나오는 부분이 더 좋아. 비올라와 안젤로, 둘 다 우리가 좋아하는 이름이잖아. 신기하지 않아?" 비극으로 끝난 연인들 이야기에 눈물을 훔치며 메그가 말했다.

"작가가 누구야?" 조의 표정을 흘끔 살핀 베스가 물었다.

조가 벌떡 일어나 앉더니 신문을 내려놓고 상기된 표정을 지어 보였다. 그러고는 근엄함과 흥분이 뒤섞인 재미있는 목소리로 크게 대답했다. "네 언니지."

"너라고?" 메그가 바느질거리를 떨어뜨리며 외쳤다.

"아주 훌륭해." 에이미가 비평가처럼 말했다.

"그럴 줄 알았어! 그럴 줄 알았다니깐! 언니, 언니가 정말 자랑스러워!" 베스는 이렇게 말하고 조에게 달려가 안기며 언니의 멋진 성공에 기뻐서 어쩔 줄 몰라 했다.

세상에! 자매들은 모두 무척 기뻐했다. 메그는 정말로 신문에 "조세핀 마치 양"이라는 이름이 있는지 확인하기 전까지는 믿을 수 없을 지경이었다. 에이미는 소설에서 미술과 관련된 부분을 높이 평가하며 이어지는 편을 위한 조언을 했다. 하지만 안타깝게도 남녀 주인공이 모두 죽어서 다음 편은 나올 수 없었다. 베스는 신이 나서 폴짝폴짝 뛰며 기쁨의 노래를 불렀고, 해나는 조가 해낸 일에 놀라 "세상에, 이런 일이!"라며 감탄했다.

"I like that about the splendid picture," was Amy's approving remark, as Jo paused.

"I prefer the lovering part. Viola and Angelo are two of our favorite names, isn't that queer?" said Meg, wiping her eyes, for the lovering part was tragical.

"Who wrote it?" asked Beth, who had caught a glimpse of Jo's face.

The reader suddenly sat up, cast away the paper, displaying a flushed countenance, and with a funny mixture of solemnity and excitement replied in a loud voice, "Your sister."

"You?" cried Meg, dropping her work.

"It's very good," said Amy critically.

"I knew it! I knew it! Oh, my Jo, I am so proud!" and Beth ran to hug her sister and exult over this splendid success.

Dear me, how delighted they all were, to be sure! How Meg wouldn't believe it till she saw the words. "Miss Josephine March," actually printed in the paper. How graciously Amy criticized the artistic parts of the story, and offered hints for a sequel, which unfortunately couldn't be carried out, as the hero and heroine were dead. How Beth got excited, and skipped and sang with joy. How Hannah came in to exclaim, "Sakes alive, well I never!" in great astonishment at 'that Jo's doin's'.

💬 드디어 Jo가 자신이 원하는 길에 첫발을 내디뎠네요! 신문에 짧은 이야기 하나가 실렸을 뿐이지만, 시작이 반이라는 말은 이럴 때 필요한 말이 아닐까요?

이 장의 앞에서 조는 'She put on her hat and jacket as noiselessly as possible, and going to the back entry window.(조는 최대한 조용히 모자를 쓰고 재킷을 입고 뒤쪽 창으로 나갔다.)' 이렇게 도둑고양이처럼 집을 빠져나갔습니다. 시내로 간 조는 'If anyone had been watching her, he would have thought her movements decidedly peculiar(조의 행동을 본 사람이라면 누구라도 확실히 이상하다고 했을 것이다)' 싶은 행동을 합니다. 그 모습을 우연히 목격하게 된 Laurie는 Jo가 나오는 건물에 치과 간판이 있는 걸 보고 이를 뽑았다고 생각합니다. 웃음이 절로 나는 장면이지요.

자신을 따라온 Laurie에게 Jo는 결국 사실대로 털어놓게 됩니다. Laurie는 원고를 투고했고, 실망시키고 싶지 않아서 아무에게도 알리지 않았다는 Jo의 말에 "It won't fail. Why, Jo, your stories are works of Shakespeare compared to half the rubbish that is published every day.(실패하지 않을 거야. 조, 매일 신문에 실리는 반쯤은 쓰레기 같은 글들에 비하면 네 글은 셰익스피어의 작품이야.)"라고 대답하며 진정한 친구의 면모를 드러냅니다. 그리고 그 비밀은 오늘 장면에서 멋지게 밝혀집니다.

신문에 실린 Jo의 단편 소설 제목이 〈The Rival Painters〉인데요,

이는 루이자의 첫 작품의 제목이기도 합니다. 정확히는 〈The Rival Painters: A Tale of Rome〉이었는데요, 루이자가 열여섯 살에 쓰고 3년 후에 정식으로 실렸다고 합니다. 실제 연인이었던 Madeline과 Guido에 관한 이야기였는데요 Jo의 소설 속에서는 남녀 주인공이 모두 죽는 것으로 끝나지만, 실제로 이 둘은 결혼해서 행복하게 살았다고 합니다. 1852년에 Olive Branch XVII, no. 19에 실린 이 글의 원고료로 루이자는 5달러를 받았다고 합니다. 루이자는 그때의 감상을 'Great rubbish! Read it aloud to sisters, and when they praised it, not knowing the author, I proudly announced her name.(훌륭한 보잘것없는 글! 자매들에게 읽어 줬는데, 작가를 모른 채로 글을 칭찬했을 때 자랑스럽게 작가의 이름을 말했다.)' 이렇게 일기에 적었다고 합니다. 오늘 읽은 장면이 고스란히 담겨 있지요?

자매들은 Jo가 읽어 준 글을 읽고 저마다의 감상을 얘기합니다. Amy는 화가를 꿈꾸는 아이답게 "I like that about the splendid picture,(나는 멋진 그림 이야기가 나와서 맘에 들어)"라는 말을, Meg는 "I prefer the lovering part. Viola and Angelo are two of our favorite names, isn't that queer?(나는 연인들이 나오는 부분이 더 좋아. 비올라와 안젤로, 둘 다 우리가 좋아하는 이름이잖아. 신기하지 않아?)"라며 신기해합니다.

라틴어로 '제비꽃'을 뜻하는 Viola는 여자 이름으로 많이 쓰이고, Angelo는 '천사'를 뜻하는 angel의 이탈리아어 남자 이름이자 가톨릭 성인의 이름이기도 합니다. 자신들이 평소에 좋아하는 이름이 하나도 아니고 둘이나 주인공으로 등장하다니 신기할 법도 하지요. 그렇게 한껏 기대감을 높인 후에 Jo는 "Who wrote it?(작가가 누구야?)"이라는 Beth의 질문에 자랑스럽게 대답합니다. "Your sister.(네 언니지.)"라고요.

가족들에게도 큰 기쁨이 되는 이 대단한 사건(?)이 Jo에게는 어떤 의미였을까요? 이 장의 마지막에 나오는 Jo의 말에서 찾아볼 수 있습니다. Jo는 "In time I may be able to support myself and help the girls.(때가 되면 돈을 벌어서 나는 물론이고 우리 가족들을 챙길 수 있을 거야.)"라고 말합니다. 자매들과 Laurie가 모여서 자신들이 이루고 싶은 'favorite castle'을 상상해 본 장면을 앞에서 봤는데요, Jo는 그 꿈에 차근차근 다가가고 있는 듯 보입니다.

*Write a favorite sentence

_____

_____

시간이 흘러 어느덧 11월이 된다. 어느 흐린 오후에 창가에 서서 Meg는 일 년 중에 11월이 제일 싫다고 푸념한다. Beth가 즐거운 일이 일어나면 11월이 즐거워지지 않겠냐고 하지만, Meg는 하루하루 똑같이 열심히 일만 하고 재미있는 일이 없는, 다람쥐 쳇바퀴 같은 생활이라고 대답한다. Jo는 언니가 자신의 소설 속 주인공이라면 문제를 해결해 줄 수 있을 텐데 그러지 못하니 안타까워하고, Amy는 자신과 Jo 언니가 돈을 많이 벌 테니 10년만 기다리라며 농담한다. 하지만 그 어떤 말도 Meg의 우울한 기분을 나아지게 하지 못한다.

그러던 중 다른 쪽 창가에 앉아 있던 Beth가 엄마와 Laurie가 집으로 오는 모습을 본다. March 부인은 평소처럼 아버지에게서 편지가 왔는지 물었고, Laurie는 수학 공부를 너무 열심히 해서 머리가 아프다고 하며 마차를 타고 동네를 한 바퀴 돌자고 한다. Jo와 Beth는 함께 가겠다고 하지만, Meg는 젊은 남자와 마차에 타서 좋을 게 없다는 엄마의 말씀이 생각나서 바쁘다고 둘러댄다.

Day 21

전보 1

아빠의 편지를 기다리는 가족들.
하지만 그들이 받은 건 아빠의 편지가 아니라 짧은 전보 한 통입니다.
아빠에게 무슨 일이 생긴 걸까요?

"제가 도울 일은 없나요?" 로리가 마치 부인이 앉은 의자 쪽으로 몸을 기울이며 늘 그랬듯이 다정한 표정과 말투로 물었다.

"물어봐 줘서 고맙구나. 괜찮으면 우체국에만 좀 들러 주렴. 편지가 오는 날인데 집배원이 아직 안 왔어. 애들 아버지는 해가 뜨고 지는 것처럼 규칙적인 사람인데, 배달이 늦어지는 모양이구나."

초인종이 날카롭게 울리자 마치 부인은 말을 멈췄고, 잠시 후 해나가 편지를 한 통 가지고 왔다.

"그 무섭다는 전보라는 게 왔네요, 마님." 해나는 이렇게 말하면서 마치 전보가 폭발해서 피해를 줄까 봐 무서운 듯 건넸다.

'전보'라는 말을 들은 마치 부인은 급히 우편물을 받아 들고 두 줄짜리 내용을 읽더니 얼굴이 하얗게 질려 의자에 주저앉았다. 마치 그 작은 쪽지가 부인의 심장에 총이라도 쏜 듯했다. 로리는 물을 가지러 계단을 뛰어 내려갔고, 메그와 해나는 부인을

A Telegram #1

affectionate 다정한 horrid 무서운 telegraph 전보 still 고요한
breathlessly 숨을 죽이고 bear 견디다 sob 흐느끼다 mingle 섞이다
die away 잦아들다 panacea 만병통치약 affliction 고통

"Can I do anything for you, Madam Mother?" asked Laurie, leaning over Mrs. March's chair with the affectionate look and tone he always gave her.

"No, thank you, except call at the office, if you'll be so kind, dear. It's our day for a letter, and the postman hasn't been. Father is as regular as the sun, but there's some delay on the way, perhaps."

A sharp ring interrupted her, and a minute after Hannah came in with a letter.

"It's one of them horrid telegraph things, mum," she said, handling it as if she was afraid it would explode and do some damage.

At the word 'telegraph', Mrs. March snatched it, read the two lines it contained, and dropped back into her chair as white as if the little paper had sent a bullet to her heart. Laurie dashed downstairs for water, while Meg and Hannah

부축했다. 조는 겁에 질린 목소리로 전보를 읽었다.

마치 부인께
남편이 위독합니다. 즉시 와 주십시오.
워싱턴 블랭크 병원
S. 헤일

모두 숨죽이고 듣느라 응접실에는 적막이 흘렀다. 바깥은 이상하리만치 어두웠고, 갑자기 온 세상이 달라진 듯했다. 자매들은 어머니 주위로 모여들었다. 모든 행복과 그들의 삶을 지지해 주던 모든 것을 곧 빼앗길 것만 같은 기분이었다.

마치 부인은 곧 정신을 차리고, 전보를 다시 한번 읽은 다음 팔을 뻗어 딸들을 안으며 절대 잊을 수 없는 목소리로 말했다. "당장 가 봐야겠어. 너무 늦은 건 아닌지 모르겠구나. 아, 얘들아! 견딜 수 있게 도와주렴!"

몇 분 동안 응접실에는 흐느끼는 소리만이 가득했다. 울먹이며 위로하는 말, 다정하게 도움을 약속하는 말, 희망을 품자는 속삭임이 중간중간 뒤섞였지만 결국은 울음 속에 묻혔다. 가여운 해나가 제일 먼저 울음을 그치더니 자신도 모르게 터득한 지혜로 가족들에게 모범을 보였는데, 그 지혜는 고통을 치유하는 만병통치약은 일이라는 것이었다.

supported her, and Jo read aloud, in a frightened voice...

"Mrs. March:

"Your husband is very ill. Come at once.

"S. HALE

"Blank Hospital, Washington."

How still the room was as they listened breathlessly, how strangely the day darkened outside, and how suddenly the whole world seemed to change, as the girls gathered about their mother, feeling as if all the happiness and support of their lives was about to be taken from them.

Mrs. March was herself again directly, read the message over, and stretched out her arms to her daughters, saying, in a tone they never forgot, "I shall go at once, but it may be too late. Oh, children, children, help me to bear it!"

For several minutes there was nothing but the sound of sobbing in the room, mingled with broken words of comfort, tender assurances of help, and hopeful whispers that died away in tears. Poor Hannah was the first to recover, and with unconscious wisdom she set all the rest a good example, for with her, work was panacea for most afflictions.

😊 작품 속의 달력은 어느덧 11월입니다. 이 장의 처음은 Meg의 말로 시작합니다. Meg는 창가에 서서 서리 내린 정원을 바라보며 "November is the most disagreeable month in the whole year.(일 년 중에 11월이 제일 싫어.)"라고 말하죠. 그 말을 들은 Jo가 "That's the reason I was born in it.(그래서 내가 11월에 태어났나 봐.)"이라고 대답합니다. 특별히 기념할 날도 없고 날씨도 추운 우울한 11월 이지만, Jo가 태어나서 기분 좋은 달이 되었다는 말이지요. 실제로 작가 루이자도 11월 29일에 태어났다고 하니 이 말이 더 실감 나게 다가옵니다.

하지만 이들에게 곧 시련이 닥칩니다. 전쟁터에 있는 아버지 에게서 규칙적으로 배달되던 편지가 오지 않자 March 부인은 걱정되기 시작합니다. 남편은 'as regular as the sun(해가 뜨고 지는 것처럼 규칙적인)' 사람인데 말이지요. 그러던 중 전보가 날아듭니다. Hannah가 전보를 받아 들고는 "It's one of them horrid telegraph things, mum,(그 무섭다는 전보라는 게 왔네요, 마님)"이라고 말하며 March 부인에게 건네지요. '전보'라는 단어가 얼마나 불길한 느낌을 주는지 짐작할 수 있는 구절입니다. 그리고 그 불길한 예감은 빗나가지 않습니다. 짧은 순간에 가족들은 얼마나 가슴이 철렁했을까요? 전보로 인해 평온하게 흘러가던 그들의 일상에 순식간에 거센 파도가 몰려왔습니다.

실제로 올콧 가족도 전보를 받은 일이 있습니다. 작가 루이자는 서른 살이 되던 1862년에 'the Union Army of the Potomac'에 간호사로 지원하게 됩니다. 그러다가 'the Union Hotel Hospital in Georgetown'으로 근무지를 옮긴 지 한 달쯤 지난 1863년 1월 14일, 가족들은 루이자가 'typhoid pneumonia(장티푸스 폐렴)'에 걸려서 중태에 빠졌다는 전보를 받게 됩니다. 루이자의 아버지 브론슨 올콧은 전보를 받자마자 딸을 살리기 위해서 가장 빠른 기차를 타고 달려갔다고 합니다. 그후 콩코드(Concord)의 집으로 루이자를 데려왔지만, 무려 3주 가까이 의식이 혼미했다고 합니다. 그 기간 동안 작가의 가족들이 얼마나 마음을 졸였을지 짐작이 갑니다.

11월이라는 이유로, 부자가 아니라는 이유로 투덜거리던 자매들은 정신이 번쩍 들었을 겁니다. 엄마 역시 남편의 소식에 'dropped back into her chair as white as if the little paper had sent a bullet to her heart(얼굴이 하얗게 질려 의자에 주저앉았다. 마치 그 작은 쪽지가 부인의 심장에 총이라도 쏜 듯했다)' 이렇게 잠시 휘청합니다. 하지만 곧 자신이 해야 할 일이 무엇인지 깨닫습니다 'Mrs. March was herself again directly, read the message over, and stretched out her arms to her daughters, saying, in a tone they never forgot,(마치 부인은 곧 정신을 차리고, 전보를 다시 한번 읽은 다음 팔을 뻗어 딸들을 안으며 절대 잊을 수 없는 목소리로 말했다)' March 부인은 딸들을 품에 안고 자신의 마음도, 딸들의 마음도 한번 가라앉힙니다.

이런 상황에서 Hannah는 위기의 순간에 연장자의 지혜를 발휘합니다. 'Hannah was the first to recover, and with unconscious wisdom she set all the rest a good example, for with her, work was panacea for most afflictions.(해나가 제일 먼저 울음을 그치더니 자신도 모르게 터득한 지혜로 가족들에게 모범을 보였는데, 그 지혜는 고통을 치유하는 만병통치약은 일이라는 것이었다.)' 하고 말이죠. 이렇게 함께 슬픔에 잠겨 있지 않고 자신이 해야 할 일을 하는 것, 그것만이 고통의 무게를 조금이나마 줄여 줄 수 있다는 것이지요.

이어지는 내용에서 Hannah는 얼른 정신을 차리고 'she wiped her face on her apron, gave her mistress a warm shake of the hand with her own hard one, and went away to work(앞치마로 눈물을 닦고, 억센 손으로 마치 부인의 손을 따뜻하게 잡은 다음 짐을 꾸리러 갔다)' 하며 March 부인을 위해서 자신이 할 수 있는 일을 하러 갑니다.

가족에게, 이웃에게 힘든 일이 닥치면 손을 맞잡고 함께 울어 줄 수도 있고, 위로의 말을 건넬 수도 있습니다. 하지만 때로는 얼른 눈물을 닦고 그들을 위해서 내가 할 수 있는 일을 찾아서 해 주는 것도 큰 힘이 될지도 모르겠습니다. 그 덕분에 침착하게 상황을 대면하게 되면, 해결책도 보일 테니까요. March 자매들은 Hannah 덕분에 가족 모두 '무엇을 할 수 있을까?'에 초점을 맞추게 됩니다.

자매들이 어떻게 이 어려운 시간을 극복해 나가는지, 다음 장면
으로 가 살펴볼까요?

*Write a favorite sentence

_____

_____

Hannah는 얼른 정신을 차리고, 울면서 시간을 허비할 게 아니라 March 부인이 길을 떠날 수 있도록 짐을 챙겨야겠다고 한다. 그 덕분에 엄마도 마음을 가라앉히고 침착하게 생각하자며 딸들을 다독인다. 슬픔을 맞닥뜨린 가족들 사이에 섣불리 끼어들 수가 없어 옆방에서 잠자코 있던 Laurie도 무엇이든 시켜만 주면 돕겠다고 나선다. March 부인은 그런 Laurie에게 내일 아침 일찍 기차를 타고 가겠다는 전보를 보내 달라고 부탁한다. 또한 Jo에게는 협회에 가서 King 부인에게 급한 일이 생겨서 갈 수 없다는 말을 전하고, 간호에 필요한 물건들을 오는 길에 사 오라고 부탁한다.

그러는 와중에 Laurence 씨가 소식을 듣고 환자에게 필요하다 싶은 물건들을 잔뜩 가지고 황급히 건너온다. 그리고 March 부인에게 그녀가 집을 비우는 동안 딸들을 잘 돌보겠다고 다정하게 약속한다. 이에 부인은 큰 위안을 얻는다. Laurence 씨는 병원까지 함께 가 주겠노라 하지만, March 부인은 나이 많은 Laurence 씨가 자신 때문에 먼 길을 떠나게 할 수는 없어서 병원에 함께 가겠다는 제안은 받아들이지 않는다.

한편, 엄마를 돕기 위해서 분주히 움직이던 Meg는 현관에서 Brooke 선생님과 마주친다. Brooke 선생님은 Meg를 다정히 위로하고, March

부인을 병원에 모셔다드리고 싶다고 한다. Meg는 어머니도 분명 좋아하실 거라고 말하고, 진심으로 고마운 마음을 전한다.

전보를 보내고 March 작은할머니에게 들렀던 Laurie가 March 부인이 빌린 돈을 받아 들고 돌아온다. 그 봉투 안에는 March 가문의 남자가 입대하는 건 말이 안 되고 결국 이렇게 안 좋은 일이 생길 줄 알았다고, 다음에는 자신의 말을 들으라는 잔소리가 적힌 쪽지도 함께 들어 있다.

Day 22

전보 2

한참을 보이지 않다가 드디어 돌아온 조.
그런데 도무지 알 수 없는 표정을 짓고 있습니다.
무슨 일일까요?

짧은 오후가 금세 지났다. 자잘한 일들을 모두 처리하고 메그와 엄마는 꼭 필요한 바느질을 하느라 바빴다. 베스와 에이미는 차를 준비했고, 해나는 스스로 '휙휙, 척척'이라고 부르는 것처럼 순식간에 다림질을 끝냈다. 하지만 그때까지 조는 돌아오지 않았다. 조가 무슨 생각을 하는지 알 수 없어서 다들 걱정하기 시작했고, 로리는 조를 찾으러 나갔다. 그런데도 찾지 못했는데, 잠시 후 조가 정말 묘한 표정으로 돌아왔다. 가족들은 즐거움, 두려움, 만족감 그리고 후회가 뒤섞인 얼굴을 보면서 당황했고, 조가 엄마 앞에 돈뭉치를 내놓으면서 약간 목이 메인 목소리로 말을 할 때도 역시나 당황했다. "아버지를 편안히 집으로 모시고 오는 데 저도 보탬이 되고 싶어요!"

"조야, 이 돈이 어디서 났니? 25달러나 되잖아! 성급한 행동을 한 건 아니겠지?"

A Telegram #2

errand 심부름 puzzle 당황하게 하다 choke 목멤 outcry 비명
abundant 풍부한 exclaim 외치다 crop (머리를) 아주 짧게 깎다 indifferent 무관심한
rumple 헝클다 wig (긴) 머리털

The short afternoon wore away; All other errands were
done, and Meg and her mother busy at some necessary
needle-work, while Beth and Amy got tea, and Hannah
finished her ironing with what she called a "slap and
a bang", but still Jo did not come. They began to get
anxious, and Laurie went off to find her, for no one knew
what freak Jo might take into her head. He missed her,
however, and she came walking in with a very queer
expression of countenance, for there was a mixture of fun
and fear, satisfaction and regret in it, which puzzled the
family as much as did the roll of bills she laid before her
mother, saying with a little choke in her voice, "That's my
contribution toward making Father comfortable and bringing
him home!"

"My dear, where did you get it? Twenty-five dollars! Jo, I
hope you haven't done anything rash?"

"아니에요, 정직하게 번 돈이에요. 구걸하지도, 빌리지도, 훔치지도 않았어요. 제가 번 돈이에요. 가진 걸 팔아서 벌었으니 저를 혼내지 않으시리라 생각해요."

조가 이렇게 말하며 보닛을 벗자, 모두 놀라서 탄식했다. 풍성했던 조의 머리가 짧게 잘려 있었다.

"언니 머리가! 그 예쁜 머리카락이!" "아, 조, 어째서 그랬어? 유일한 아름다움이었는데." "세상에나, 얘야, 이렇게까지 할 필요는 없었단다." "이젠 우리 언니 같아 보이진 않지만, 그래도 정말 사랑해!"

모두 한마디씩 외치는 가운데 베스가 다가와 짧아진 조의 머리를 다정하게 끌어안았다. 조는 아무렇지 않은 척했지만, 아무도 속일 수 없었다. 조는 짧은 갈색 머리를 헝클며 마음에 드는 척하려고 애쓰며 말했다. "머리 좀 짧아졌다고 해서 나라가 망하는 것도 아니잖아. 그러니까 그만 울어, 베스. 내 자만심을 다스리는 데 도움이 될 거야. 예쁜 머리카락을 굉장히 자랑스러워했거든. 거추장스러운 머리카락을 자르고 나니까 머리도 잘 돌아갈 거 같아. 산뜻하니 가볍고 시원하거든. 이발사가 그러는데, 조금 있으면 끝이 곱슬곱슬해지면서 남자애 같은 느낌도 나고, 어울리고, 관리하기도 쉬워질 거래. 난 만족해. 그러니까 엄마는 이 돈 받으시고요, 다 같이 저녁 먹어요."

"No, it's mine honestly. I didn't beg, borrow, or steal it. I earned it, and I don't think you'll blame me, for I only sold what was my own."

As she spoke, Jo took off her bonnet, and a general outcry arose, for all her abundant hair was cut short.

"Your hair! Your beautiful hair!" "Oh, Jo, how could you? Your one beauty." "My dear girl, there was no need of this." "She doesn't look like my Jo any more, but I love her dearly for it!"

As everyone exclaimed, and Beth hugged the cropped head tenderly, Jo assumed an indifferent air, which did not deceive anyone a particle, and said, rumpling up the brown bush and trying to look as if she liked it, "It doesn't affect the fate of the nation, so don't wail, Beth. It will be good for my vanity, I was getting too proud of my wig. It will do my brains good to have that mop taken off. My head feels deliciously light and cool, and the barber said I could soon have a curly crop, which will be boyish, becoming, and easy to keep in order. I'm satisfied, so please take the money and let's have supper."

💬 저마다의 방법으로 엄마와 아빠를 돕기 위해 일을 하는 자매들과 그들의 이웃 Laurie, 그리고 Laurence 할아버지입니다. 맏이인 Meg와 엄마는 필요한 바느질을 마무리하고, Beth와 Amy는 마실 차를 준비하지요. Hannah는 다림질을 합니다. Jo는 어디에 있나요? 이 장면의 앞부분에서 엄마는 Jo에게 "Jo, run to the rooms, and tell Mrs. King that I can't come. On the way get these things. I'll put them down, they'll be needed and I must go prepared for nursing. Hospital stores are not always good.(조야, 협회에 뛰어가서 킹 부인에게 내가 못 간다고 전해 주렴. 내가 필요한 것들을 적어 줄 테니 오는 길에 이것들을 사 오고. 간호에 필요한 것들을 준비해서 가야겠구나. 병원에 있는 물품들이 늘 충분하지는 않으니까.)" 이렇게 부탁을 합니다. 그런데 각자 필요한 집안일들을 하고 오후가 훨씬 지났는데도 Jo가 돌아오지 않자 가족들은 걱정합니다. 그렇게 걱정이 커지던 중에 가족들 앞에 드디어 나타난 Jo. 그런데 Jo의 표정이 미묘합니다. 'there was a mixture of fun and fear, satisfaction and regret in it.(즐거움, 두려움, 만족감 그리고 후회가 뒤섞인 얼굴)'이라고 표현했는데요, 어떻게 된 일일까요?

멀리 떠나는 March 부인에게는 돈도 필요했습니다. 썩 내키지는 않았지만, 부인은 March 작은할머니에게서 돈을 빌립니다. 그 돈이 담긴 봉투에 잔소리도 가득 담겼던 걸 Jo가 알기라도 했던 걸까요? 25달러라는 큰돈을 내밉니다. 그 돈의 출처는 'Jo took off her bonnet, and a general outcry arose, for all her abundant hair was cut short.(조가 보닛을 벗자, 모두 놀라서 탄식했다. 풍성했던 조의 머리가 짧게 잘려 있었다.)'라는 문장에서 밝혀집니다.

맨 처음 장 'Playing Pilgrims'에서 자매들의 생김새를 말하는 부분이 있는데요, Jo의 모습을 묘사하는 부분에 'Her(Jo) long, thick hair was her one beauty; but it was usually bundled into a net, to be out of her way.(조의 길고 풍성한 머리는 조의 유일한 아름다움이었는데, 그마저도 흘러내리지 않도록 늘 머리 망에 돌돌 말아 넣었다.)'라는 말이 있습니다. 그러니까 Jo는 자신의 유일한 아름다움이었던 머리카락을 오로지 가족을, 아빠를 위해서 내놓은 것입니다.

앞 장에서 루이자가 전쟁 중에 간호사로 파견되어 일하다가 장티푸스 폐렴에 걸렸었던 일화를 소개했었습니다. 그 병을 앓으면서 루이자는 calomel(염화 제1수은)로 치료를 받았는데요, 그 수은 화합물 중독으로 머리카락이 많이 빠졌다고 합니다. 자꾸만 빠지는 머리카락을 보면서 작가는 굉장히 슬퍼했다고 하지요. 실제로 겪었던 그 사건을 작품 속에서는 조금 더 극적으로 각색했음을 알 수 있습니다.

작품 속 자매들도 Jo의 짧아진 머리카락을 보면서 안타까워 합니다. 하지만 Beth의 "She doesn't look like my Jo any more, but I love her dearly for it!(이젠 우리 언니 같아 보이진 않지만, 그래도 정말 사랑해!)"이라는 말이 가장 진하게 가슴을 울립니다. 유일한 아름다움을 내어놓은 Jo의 작은 희생을 헛되지 않게 하는 칭찬이죠.

Jo는 어쩌면 이미 후회하는 마음이 더 크게 들었을지도 모르지만, 가족들 앞에서 "It will be good for my vanity, I was getting too proud of my wig.(내 자만심을 다스리는 데 도움이 될 거야. 예쁜 머리카락을 굉장히 자랑스러워했거든.)"라며 의연한 모습을 보입니다. Jo가 엄마 앞에 내놓은 25달러는 그냥 25달러가 아니었습니다. 특별히 불만족스러울 것 없는 생활이 그저 반복된다는 이유로, 더 화려하지 않다는 이유로 툴툴대던 가족을 다시 묶어 주는 돈이었죠. 아빠가 위독하다는 소식으로 인해서 가족들은 다시 한번 사랑으로 뭉칩니다. 그리고 그 사랑은 남는 것 중 하나를 주는 사랑이 아니었지요. 가진 것 중에 제일 아름다운 것을 내어놓는, 희생이 깔린 사랑이었습니다.

루이자는 병으로 인해서 머리카락을 잃었었지만, 그 경험 덕분에 더욱 훌륭한 간호사로 성장했다고 합니다. 위기를 잘 극복한 지혜와 강인함이 그녀의 일기에도 잘 나타나 있습니다.

'A wig outside is better than a loss of wits inside.'
(겉에 가발을 쓰는 것이 내면의 지혜를 잃는 것보다 훨씬 낫다.)

*Write a favorite sentence

_____

_____

224

Jo는 자신이 어쩌다가 그 예쁜 머리카락을 자르기로 했는지, 이발사와 무슨 이야기를 주고받았는지 재미있게 이야기해 준다. Meg 언니와 동생들 역시 즐겁게 이야기를 듣는다. 10시가 되었는데도 아무도 자려고 하지 않자 March 부인은 딸들을 불러 모아 Beth의 연주에 맞춰 노래를 부르는 것으로 인사를 대신하고, 조용히 침실로 간다.

흐느끼는 소리가 나서 보니 자는 줄만 알았던 Jo가 울고 있다. Meg가 무슨 일인지 물으니 머리카락 때문이라는 대답이 돌아온다. 후회하는 건 아니고 다시 똑같은 상황이 온다고 해도 그렇게 하겠지만, 자신의 예쁜 머리카락을 떠올리며 잠시 슬퍼했을 뿐이라는 것이다. 시계가 자정을 알리고 방 안이 고요한 가운데 누군가가 이 침대에서 저 침대로 조용히 걸음을 옮기며 이불을 잘 펴 주기도 하고 베개를 똑바로 해 주기도 하고 멈춰 서서 자매들의 얼굴을 한참 들여다보기도 한다. 그리고 한 사람씩 입을 맞추며 말없이 축복하고 어머니만이 할 수 있는 기도를 드린다.

다음 날, 자매들은 쾌활하고 희망차게 작별 인사를 하자고 뜻을 모은다. 하지만 잠도 못 자고 걱정도 많이 해서 창백하고 지쳐 보이는 엄마의 얼굴을 보니 결심을 지키기가 힘들다. Meg는 자신도 모르게 자꾸만 눈물이 차올랐고, Jo는 주방 블라인드로 몇 번이나 얼굴을 가려야

했다. Beth와 Amy도 심각하고 걱정스러운 표정이다. 엄마는 너무 슬퍼하거나 초조해하지 말고 평소에 하던 일을 계속하면서 희망을 품고 바삐 움직이라고 다독인다. March 부인은 네 자매와 Hannah, 그리고 Laurence 씨와 Laurie의 배웅을 받으며 드디어 길을 떠난다.

아빠는 아직 많이 아프지만, 최고의 간병인인 엄마가 옆에 계신다는 사실만으로도 자매들은 마음이 놓였고, 실제로도 아빠의 병세는 호전되고 있었다. 딸들은 엄마께 각자의 개성대로 부지런히 편지를 썼고, Laurence 씨 역시 편지로 소식을 전한다.

엄마가 떠나고 일주일 동안 자매들은 선함이 흘러넘쳐서 이웃에게 나눠 줄 수 있을 정도로 훌륭하게 지냈다. 하지만 처음 아빠의 소식을 듣고 걱정하던 마음이 사라지게 되자, 차츰 긴장이 풀려 예전 모습으로 돌아가게 된다. 게다가 엄청난 노력을 한 뒤라, 그 정도로 애썼으면 쉴 자격이 있다는 생각에 마음 놓고 쉰다. 하지만 Beth는 자신이 맡은 사소한 일들을 매일 충실하게 했고, 다른 자매들이 잊어버린 일까지도 도맡아 한다. 엄마가 그립거나 아빠가 걱정될 때면 혼자 슬퍼하며 소리 없이 기도했는데, 그러면 다시 차분해지곤 했다. Beth가 어떻게 기운을 차렸는지는 아무도 몰랐다.

Day 23

꼬마 믿음

엄마는 떠나면서 훔멜 씨네 가족을 돌보는 일을 딸들에게 부탁합니다.
하루는 귀찮아서 서로 미루다가 결국은 베스가 가서 살펴보게 되는데요,
아무래도 베스에게 일이 생긴 것 같습니다. 무슨 일일까요?

"언니는 성홍열 앓은 적 있지?"

"몇 년 전에 메그 언니가 걸렸을 때 나도 걸렸었지. 왜?"

"그럼 말해 줄게. 언니, 아기가 죽었어!"

"아기라니?"

"훔멜 부인의 아기 말이야. 부인이 집에 돌아오기 전에 내 품에서 떠났어." 베스가 흐느끼며 말했다.

"가여운 내 동생, 얼마나 무서웠을까! 내가 갔어야 했는데." 조는 엄마의 큰 의자에 앉아서 후회 가득한 얼굴로 동생을 끌어안았다.

"무섭지는 않았어. 너무나 슬펐을 뿐이야! 아기의 상태가 더 안 좋아지고 있다는 걸 금방 알았어. 로첸이 훔멜 부인은 의사를 부르러 갔다고 하길래 좀 쉬라고 하고 내가 아기를 돌봤어. 아기가 잠든 줄 알았는데 갑자기 작은 소리로 울면서 몸을 부르르 떨더니 꼼짝도 안 하는 거야. 내가 발을 따뜻하게 해 주고, 로첸이 우유도 먹였는데 움직이지 않았어. 그래서 죽었다는 걸 알았어."

"저런, 울지 마! 그래서 어떻게 했어?"

Little Faithful

scarlet fever 성홍열 remorseful 후회하는 tremble (몸을) 떨다
sore throat 인후염 crossly 화를 내며 charity 자선 단체
belladonna 벨라도나제(劑) frightened 겁먹은, 무서워하는

"You've had the scarlet fever, haven't you?"

"Years ago, when Meg did. Why?"

"Then I'll tell you. Oh, Jo, the baby's dead!"

"What baby?"

"Mrs. Hummel's. It died in my lap before she got home," cried Beth with a sob.

"My poor dear, how dreadful for you! I ought to have gone," said Jo, taking her sister in her arms as she sat down in her mother's big chair, with a remorseful face.

"It wasn't dreadful, Jo, only so sad! I saw in a minute it was sicker, but Lottchen said her mother had gone for a doctor, so I took Baby and let Lotty rest. It seemed asleep, but all of a sudden it gave a little cry and trembled, and then lay very still. I tried to warm its feet, and Lotty gave it some milk, but it didn't stir, and I knew it was dead."

"Don't cry, dear! What did you do?"

"그냥 앉아서 훔멜 부인이 의사 선생님을 데리고 올 때까지 아기를 조심스럽게 안고 있었어. 의사 선생님은 아기가 죽었다고 했고, 하인리히랑 미나가 목이 아프다고 하니까 살펴보시더니, '성홍열입니다, 부인. 진작 저를 불렀어야죠.'라고 언짢게 말했어. 훔멜 부인은 돈이 없어서 아기를 집에서 치료하려다가 늦어 버렸다고 하면서 나머지 아이들을 치료해 달라고, 치료비는 자선단체에 도움을 구해 보겠다고 했어. 의사 선생님은 그제야 미소를 짓더니 친절해졌어. 너무 슬퍼서 나도 같이 울고 있는데 갑자기 나를 돌아보시더니 얼른 집에 가서 벨라도나 풀로 된 약을 먹으라고 하셨어. 안 그러면 나도 성홍열에 걸린다면서."

"아니야, 베스! 넌 안 걸려!" 조가 겁먹은 얼굴로 베스를 꼭 끌어안았다. "아, 베스, 네가 아프면 나를 절대 용서할 수 없을 거야! 우리 뭘 어쩌면 좋지?"

"겁먹지 마, 언니. 증상이 심하지는 않은 듯해. 엄마 책을 찾아봤는데, 지금 내 상태처럼 두통, 목 통증, 이상한 느낌으로 시작된대. 그래서 벨라도나 약을 먹었더니 좀 나아졌어." 베스는 열이 나서 뜨거운 이마에 차가운 두 손을 갖다 대며 괜찮은 척하려고 애를 썼다.

"I just sat and held it softly till Mrs. Hummel came with the doctor. He said it was dead, and looked at Heinrich and Minna, who have sore throats. 'Scarlet fever, ma'am. Ought to have called me before,' he said crossly. Mrs. Hummel told him she was poor, and had tried to cure baby herself, but now it was too late, and she could only ask him to help the others and trust to charity for his pay. He smiled then, and was kinder, but it was very sad, and I cried with them till he turned round all of a sudden, and told me to go home and take belladonna right away, or I'd have the fever."

"No, you won't!" cried Jo, hugging her close, with a frightened look. "Oh, Beth, if you should be sick I never could forgive myself! What shall we do?"

"Don't be frightened, I guess I shan't have it badly. I looked in Mother's book, and saw that it begins with headache, sore throat, and queer feelings like mine, so I did take some belladonna, and I feel better," said Beth, laying her cold hands on her hot forehead and trying to look well.

💬 엄마가 아빠를 간호하러 떠난 후, 가족들은 똘똘 뭉쳐서 잘 지냅니다. 하지만 힘든 시간도 길어지면 어느새 익숙해지기 마련인가 봅니다. 열심히 지내던 딸들은 슬슬 긴장이 풀어지기 시작합니다. 그러다가 Jo가 감기에 걸리고, March 작은할머니는 감기가 나을 때까지 쉬라고 하죠. 'Jo liked this, and after an energetic rummage from garret to cellar, subsided on the sofa to nurse her cold with arsenicum and books.(쉬게 되어 신난 조는 다락방부터 지하실까지 기운 넘치게 샅샅이 뒤져서 민간요법으로 사용하는 감기약이 담긴 약병과 책을 가지고 소파에 주저앉았다.)'란 문장에서 보면 감기 덕분(?)에 쉬게 된 Jo는 'with arsenicum and books(민간요법으로 쓰는 감기약과 책을 가지고)' 소파에 앉았다고 하는데요, '민간요법 감기약'은 무얼 말하는 걸까요?

이 당시에 가정에서는 'arsenicum(비소)'을 굉장히 묽게 희석해서 동종 요법(인체에 질병 증상과 비슷한 증상을 유발시켜 치료하는 방법) 치료제로 썼다고 합니다. 비록 희석해서 쓰기는 했지만, 여전히 비소의 독성 때문에 위험했다고 하죠. 루이자의 부모님은 동종 요법을 아주 신뢰하던 사람들이었습니다. 실제로 그들의 딸 중 하나가 오늘 장면에 나오는 'the scarlet fever(성홍열)'에 걸렸을 때 완전히 회복되지 않은 병세를 낫게 하려고 정기적으로 동종 요법을 시행했다고 합니다. 올콧 가족이 실제로 쓰던 구급상자처럼 생긴 휴대용 동종 요법 약품 상자가 'Louisa May Alcott 기념협회'에도 전시되어 있다고 하니 동종 요법을 얼마나 신뢰했었는지 짐작할 수 있습니다.

남편을 간호하러 떠나는 엄마가 딸들에게 부탁한 일이 있었지요. 바로 Hummel 가족을 돌보는 일이었습니다. March 부인이 떠난 지 열흘쯤 지났을 때 Beth는 "Meg, I wish you'd go and see the Hummels. You know Mother told us not to forget them.(메그 언니, 훔멜 씨 댁에 가서 들여다봐 줘. 엄마가 잊지 말고 챙기라고 하셨잖아.)"이라고 하며 엄마의 당부를 상기시킵니다. 하지만 Jo는 감기 기운이 있고, Meg는 피곤하다고 하면서 "Why don't you go yourself?(베스, 네가 가 보지 그래?)"라고 무심코 묻습니다. "I have been every day, but the baby is sick, and I don't know what to do for it.(매일 방문하고 있어. 아기가 아픈데 나는 뭘 어떻게 하면 좋을지 몰라서.)"이라는 말에서 알 수 있듯이 이미 Beth는 매일 가고 있었습니다. 하지만 오늘은 Beth도 머리가 아프고, 피곤하다고 합니다. Meg는 "Amy will be in presently, and she will run down for us,(에이미가 곧 돌아올 테니 에이미를 대신 보내자)"라고 제안하고 그렇게 Hummel 가족의 일은 뒤로 밀립니다. 결국, Hummel 부인의 아기는 성홍열을 앓다가 안타깝게 세상을 떠나고 맙니다.

혹시 '성홍열'이라는 병명을 들어 보신 적이 있나요? 우리 나라에서는 1954년에 제2급 법정 감염병으로 지정되었고, 80~90년대에 유행했다가 90년대 이후에는 거의 사라지다시피 했다고 알려져 있습니다. 루이자가 살던 시대에도 성홍열이 몇 차례 크게 유행했었다고 하는데요, 지금은 성홍열이 비록 전염성이 강한 병이기는 해도 항생제로 치료할 수 있지만, 루이자가 살던 시대에는 알려진 치료법이 없었다고 합니다. 마치 최근의 코로나 팬데믹처럼 매사추세츠주에서도 1858년부터 1859년까지 성홍열이 크게 퍼졌습니다. 이로 인해서 2천 명이 넘는 어린이가 안타까운 목숨을 잃었는데요, 대부분의 사망자가 열여섯 살 미만이었다고 하니 어린아이들에게는 상당히 치명적인 병이었습니다.

"he turned round all of a sudden, and told me to go home and take belladonna right away, or I'd have the fever.(갑자기 나를 돌아보시더니 얼른 집에 가서 벨라도나 풀로 된 약을 먹으라고 하셨어. 안 그러면 나도 성홍열에 걸린다면서.)"라는 Beth의 말에서 'belladonna(벨라도나)'라는 단어가 보입니다. 벨라도나는 성홍열을 치료하는 약초로 널리 쓰였다고 하는데요, 독성이 상당하다고 합니다. 자칫 남용하거나 오용하면 위험할 수 있는 벨라도나를 10대 소녀인 Beth가 알아서 먹도록 한 것은 의사의 처방이 잘못되었다고 할 수 있지요. 갈수록 병색이 짙어지는 Beth가 섬망(헛소리)으로 힘들어하는 장면이 뒤에 나오는데, 이는 사실 고열에 시달려서 나타난 증상이 아니라 독성이 강한 벨라도나를 잘못 복용한 결과였습니다.

엄마의 당부대로 혼자서 매일 Hummel 가족을 들여다본

Beth에게 미처 관심을 두지 못했던 언니들의 무심함은 뼈아픈 결과로 돌아옵니다. 늘 한결같이 곁에 있어서 몰랐던 Beth의 소중함을 가족들이 뼈저리게 느끼게 되는 다음 장면으로 어서 넘어가 봅시다.

*Write a favorite sentence

_____

_____

Hummel 가족에게 다녀온 후로 Beth의 상태가 심상치 않음을 확인한 Jo는 Beth가 성홍열에 걸렸을지도 모른다는 생각을 하고, Hannah에게 곧장 도움을 청한다. Hannah는 의사를 불러 진찰을 받아야겠다고 하고, 혹시 옮을지도 모르니 Amy는 작은할머니댁에 보내는 것이 좋겠다고 한다. 하지만 이 말을 들은 Amy는 싫다는 뜻을 강력히 밝힌다. 이를 지켜보던 Laurie는 작은할머니댁에 가 있는 동안 자신이 매일 Amy를 데리고 나와서 마차도 타고 산책도 하겠다고 약속한다. Amy는 자신을 마치 방해되는 존재라는 듯 보내 버리려는 게 싫다고 하지만, Laurie의 끈질긴 설득에 마침내 작은할머니 댁에 가 있겠다고 동의한다.

Amy의 결정에 한숨 돌린 Jo와 Meg는 Beth의 상태를 엄마에게 알릴 것인지 고민한다. Hannah는 엄마와 아빠 두 분이 걱정만 하실 테고 Beth가 오래 아프지는 않을 것이니 알리지 않는 게 좋겠다고 하고, Jo와 Meg는 일단 의사의 진찰을 받아 보고 결정하기로 한다. 의사 선생님은 Beth가 성홍열에 걸린 것은 맞지만 가볍게 지나갈 것 같다고 한다. 하지만 성홍열을 앓은 적이 없는 Amy는 당장 떠나는 것이 좋겠다고 한다. Amy는 Laurie의 호위를 받으며 작은할머니 댁으로 가고 무뚝뚝한 할머니를 견딜 수 있을지 걱정됐지만 노력해 보기로 마음먹는다.

한편, 성홍열에 걸린 Beth는 의사와 Hannah의 예상보다 병세가 좋지 않다. Meg와 Jo는 성홍열에 대해서 잘 모르고, Laurence 할아버지는 Beth를 보러 올 수가 없어서 모든 것을 Hannah가 처리해야 하는 상황이다. Meg는 Beth가 아프다는 내색을 하지 않고 엄마에게 편지를 쓰자니 죄책감도 들고 그렇게 속이는 게 옳지 않다고 생각한다. 하지만 Hannah의 말을 잘 들으라던 엄마의 당부도 있었고, 괜히 알리면 걱정만 하신다는 Hannah의 말도 일리가 있는 것 같아서 엄마에게 비밀로 하며 Jo와 함께 밤낮으로 Beth를 돌본다.

Day 24

우울한 날들

베스의 병세가 나아질 기미가 보이지 않습니다.
그런 베스를 보며
점점 불안해지는 조와 메그입니다.

조는 밤낮으로 베스를 돌보는 데 헌신했다. 베스는 참을성이 많아서 불평하지 않고 참을 수 있는 데까지 고통을 참는 편이라 돌보는 게 힘든 일은 아니었다. 하지만 열이 오르면 쉬고 갈라진 목소리로 말하거나, 마치 아끼는 피아노를 연주하듯이 침대보 위에 손가락을 두드리기도 하고, 목이 부어서 목소리가 거의 나오지 않는데도 애써 노래를 부르려고 했다. 그런가 하면 익숙한 얼굴도 못 알아보거나 이름을 잘못 부르기도 하고, 엄마를 애타게 찾기도 했다. 그러자 조는 점점 겁이 났고, 메그는 엄마에게 사실대로 알리자고 해나에게 애원했다. 해나조차 '아직 위험하지는 않지만 생각해 보겠다'고 할 정도였다. 워싱턴에서 날아온 편지가 그들의 마음을 더욱 무겁게 했다. 편지에는 아버지의 병세가 다시 나빠져서 한동안 집에 돌아올 수 없다는 내용이 담겨 있었다.

우울한 날들이 이어졌다. 집은 우울하고 쓸쓸했고, 열심히 애쓰며 기다리는 자매들의 마음은 무거웠다. 그러는 동안 한때 행복했던 집에는 죽음의 그림자가 맴돌았다. 메그는 앉아서 일하는

Dark Days

fever fit 열성 경련, 열성 발작 hoarse 목쉰 imploringly 애원하듯
relapse (병의) 재발 hover 맴돌다 pathetic 애처로운 exile 유배, 추방
irksome 짜증 나는, 귀찮은

Jo devoted herself to Beth day and night, not a hard task, for Beth was very patient, and bore her pain uncomplainingly as long as she could control herself. But there came a time when during the fever fits she began to talk in a hoarse, broken voice, to play on the coverlet as if on her beloved little piano, and try to sing with a throat so swollen that there was no music left, a time when she did not know the familiar faces around her, but addressed them by wrong names, and called imploringly for her mother. Then Jo grew frightened, Meg begged to be allowed to write the truth, and even Hannah said she 'would think of it, though there was no danger yet'. A letter from Washington added to their trouble, for Mr. March had had a relapse, and could not think of coming home for a long while.

How dark the days seemed now, how sad and lonely the house, and how heavy were the hearts of the sisters as they worked and waited, while the shadow of death hovered over the

동안 눈물을 흘리는 일이 잦았다. 메그는 자신이 돈으로 살 수 있는 호화로운 것들보다 더 소중한 것들을 누리고 있었다는 것을 깨달았다. 그것은 사랑, 보호, 평화, 그리고 건강, 즉 인생의 진정한 축복이었다.

조는 어둑한 방에서 아픈 동생을 늘 지켜보고 동생의 애처로운 목소리를 들으면서 베스가 얼마나 아름답고 다정한 성품을 타고 났는지, 베스가 모두의 마음속에 얼마나 깊고 소중하게 자리 잡고 있는지 깨달았다. 다른 사람을 위해 희생하고자 하는 이타적인 마음이 얼마나 가치 있었는지, 그리고 누구나 지니고 있을지 모르는 소박한 미덕들을 실천함으로써 베스가 얼마나 집을 행복하게 만들었었는지도 깨달았다. 그 선함은 재능이나 부, 아름다움보다 더 사랑받고 가치 있게 여겨져야 했다.

유배중인 에이미는 집으로 돌아가서 베스를 돌보고 싶은 마음이 간절했다. 지금은 무슨 일을 해도 힘들거나 귀찮지 않을 것 같았다. 그동안 자신이 소홀히 한 수많은 일을 기꺼이 대신 해 준 베스를 생각하자 후회와 슬픔이 밀려왔다. 로리는 안절부절못하면서 집 안을 유령처럼 떠돌았고, 로런스 씨는 해 질 녘에 즐거움을 주던 어린 이웃이 떠오르는 것을 견디지 못해 그랜드 피아노를 잠가 버렸다.

once happy home. Then it was that Margaret, sitting alone with tears dropping often on her work, felt how rich she had been in things more precious than any luxuries money could buy—in love, protection, peace, and health, the real blessings of life.

Then it was that Jo, living in the darkened room, with that suffering little sister always before her eyes and that pathetic voice sounding in her ears, learned to see the beauty and the sweetness of Beth's nature, to feel how deep and tender a place she filled in all hearts, and to acknowledge the worth of Beth's unselfish ambition to live for others, and make home happy by that exercise of those simple virtues which all may possess, and which all should love and value more than talent, wealth, or beauty.

And Amy, in her exile, longed eagerly to be at home, that she might work for Beth, feeling now that no service would be hard or irksome, and remembering, with regretful grief, how many neglected tasks those willing hands had done for her. Laurie haunted the house like a restless ghost, and Mr. Laurence locked the grand piano, because he could not bear to be reminded of the young neighbor who used to make the twilight pleasant for him.

💬 안타까운 상황이 이어지고 있습니다. 앞서 벨라도나의 부작용에 대해서 언급한 바 있습니다. 'there came a time when during the fever fits she began to talk in a hoarse, broken voice.(열이 오르면 쉬고 갈라진 목소리로 말할 때가 있었다.)'라는 부분에서 Beth가 mercury poisoning(수은 중독)으로 인한 hallucination(환각)이 있음을 알 수 있습니다. 이는 성홍열의 증상이 아니라 벨라도나 복용의 부작용입니다. 작가가 장티푸스 폐렴을 치료하는 과정에서 겪었던 일과 비슷하지요. Beth가 성홍열에 옮은 것은 자기 탓이라 여기는 Jo가 지극정성으로 Beth를 간호하고 있습니다. 하지만 병세가 악화되는 듯한 모습에 'Jo grew frightened, Meg begged to be allowed to write the truth.(조는 점점 겁이 났고, 메그는 엄마에게 사실대로 알리자고 애원했다.)'라는 이 문장처럼 두 언니는 안절부절못하게 됩니다. 하지만 'A letter from Washington added to their trouble, for Mr. March had had a relapse, and could not think of coming home for a long while.(워싱턴에서 날아온 편지가 그들의 마음을 더욱 무겁게 했다. 편지에는 아버지의 병세가 다시 나빠져서 한동안 집에 돌아올 수 없다는 내용이 담겨 있었다.)'이기에 자매들은 더욱 절망적인 상황에 처하게 됩니다.

아빠가 회복을 위해서 한동안 돌아올 수 없는 설정은 March 자매들이 겪는 시련을 더욱 극적으로 드러나게 하는 'Plot Device(줄거리 전개에 사용되는 모든 장치)' 중 하나라고 할 수 있습니다. 아빠가 위독한데 Beth까지 아프고 엄마마저 아빠를 간호하러 가셔서 곁에 있을 수 없는 이 상황이 Beth의 소중함을 크게 깨닫게 하는 계기가 됩니다. 그뿐인가요? Meg는 'She felt how rich she had been in things more precious than any luxuries money could buy—in love, protection, peace, and health, the real blessings of life.(자신이 돈으로 살 수 있는 호화로운 것들보다 더 소중한 것들을 누리고 있었다는 것을 깨달았다. 그것은 사랑, 보호, 평화, 그리고 건강, 즉 인생의 진정한 축복이었다.)'라며 인생에서 정말 중요한 가치가 무엇인지에 대한 깨달음을 얻습니다.

Jo 역시 Beth가 집에서 어떤 존재였는지 비로소 느끼게 됩니다. 그 누구보다 이타적이고 남을 배려하는 아이였던 Beth였기에 평소에는 존재감이 잘 드러나지 않았을 수 있겠지요. 'to acknowledge the worth of Beth's unselfish ambition to live for others, and make home happy by that exercise of those simple virtues which all may possess.(다른 사람을 위해 희생하고자 하는 이타적인 마음이 얼마나 가치 있었는지, 그리고 누구나 지니고 있을지 모르는 소박한 미덕들을 실천함으로써 베스가 얼마나 집을 행복하게 만들었었는지도 깨달았다.)'라는 부분에서 보듯이요. 그래서 Amy 역시 'how many neglected tasks those willing hands had done for her(그동안 자신이 소홀히 한 수많은 일을 기꺼이 대신 해 줬는지)'를 떠올리며 후회의 눈물을 흘립니다. Laurie와 Laurence 할아버지, 그리고 많은 이웃들 역시 Beth를 그리워합니다.

그저 특별한 일이 없다는 이유로, 11월의 우중충한 날씨가 별로라는 이유로, 다른 사람들과 비교하니 자신은 초라해 보인다는 이유로 투덜대던 자매들은 아빠와 Beth의 병으로 인해서 위기를 맞습니다. 막냇동생 Amy까지 옮을까 싶어서 친척 집에 보내고 엄마마저 곁에 없는, 그야말로 총체적 난국입니다. 하지만 이들에게 이 시련이 성장의 계기가 될 수 있음을 작가는 보여 줍니다. 가장 드러나지 않았던 Beth의 존재를 깊이 깨닫고, 가족의 의미를 재정립할 테니까요. 더불어, 인생에서 정말로 중요한 게 무엇인지 배웠을 테니까요.

극적인 장치가 더해지면서 이야기가 1권의 후반부를 향하고 있는데요, March 가족은 이 고비를 어떻게 지혜를 모아 헤쳐 나갈지 궁금해집니다.

*Write a favorite sentence

한편, Beth는 아파서 누워 있으면서도 자신을 돌보는 Jo를 걱정했고 Amy에게 편지도 보낸다. 의사 선생님이 하루에 두 번 왕진을 왔고, 밤에는 Hannah가 Beth의 곁을 지켰다. Meg는 언제든 엄마에게 전보를 보낼 수 있도록 준비하고 있었고, Jo는 Beth의 곁을 떠나지 않았다.

12월의 첫날, 왕진하러 온 의사 선생님이 한참 동안 Beth를 검진하더니 March 부인이 올 수 있다면 오는 게 좋겠다는 말을 Hannah에게 전한다. 이에 가족들이 겁에 질려 있는데 Laurie가 편지를 들고 온다. 편지를 뜯어보니 다행히도 아빠의 병세가 다시 회복되고 있다는 소식이다. Jo는 Laurie에게 Beth의 병세가 심각하다고 털어놓으며 슬퍼한다. Laurie는 Jo를 위로하며 곁을 지키다가 상황이 심각해지자 자매의 엄마에게 전보를 보냈고, 엄마가 오시기로 했다는 반가운 소식을 전한다. Jo는 아주 고마워하고, Hannah는 갑작스럽게 오게 된 엄마를 위해서 파이를 더 만든다.

엄마가 곧 돌아오신다는 기대감만으로도 집 안에는 활기가 돌았지만, Beth는 깊은 혼수상태에 빠져서 슬픔은 물론 기쁨도 느낄 수 없는 상황이다. 장밋빛 뺨은 안색이 변해 홀쭉해졌고, 바삐 움직이던 손은 연약하고 기력이 쇠해 너무나 애처로운 모습이었다. 왕진을 온 의사 선생님은 자정 무렵이면 Beth의 병세가 나빠질지 좋아질지 알 수 있을 것 같다고 하며 그때 다시 오겠다고 한다. Meg와 Jo 두 사람은 극도의 무력감에 시달리며 시계만 쳐다봤고 잠도 오지 않았다.

시계가 자정을 알렸고, Meg와 Jo는 여전히 Beth를 돌보느라 여념이 없다. 1시간이 지났고 Laurie가 기차역으로 조용히 출발한 것 말고는 아무 일도 일어나지 않았다. 다시 1시간이 지났는데도 아무도 오지 않았다. 눈보라 때문에 기차가 연착되었는지, 오는 길에 사고라도 났는지, 최악의 경우 워싱턴에서 엄청나게 슬픈 일이 일어난 게 아닌지 자매들은 초조한 두려움에 휩싸인다.

자고 있던 Hannah가 깜짝 놀라 일어나더니 황급히 침대로 다가와 Beth를 살펴본다. Beth의 손을 잡고 입술에서 나오는 숨결에 귀 기울여보니 Beth의 열이 내렸음을 알 수 있었다. 자매들은 의사 선생님이 올 때까지 이 행복한 소식을 믿을 수 없었다. 의사 선생님은 다정한 목소리로 Beth가 잘 회복할 것 같다고 말했고, 계속 조용히 하고 푹 자게 하라고 한다. 그렇게 밤이 지나고 날이 밝았다.

아래층에서 초인종 소리가 들리더니 곧이어 엄마가 돌아오셨다는 Hannah의 외침이 들린다.

Day 25

에이미의 유언장

의사의 권고로 마치 작은할머니 집에 머물게 된 에이미입니다.
집에서 응석받이 막내로만 지내던 에이미에게는 쉽지 않은 시간 같은데요,
어떻게 지내고 있는지 볼까요?

집에서 이런 일들이 벌어지는 동안 에이미도 마치 작은할머니 집에서 힘든 시간을 보내고 있었다. 유배 생활이 얼마나 힘든지 절실히 느꼈고, 그동안 자신이 집에서 얼마나 사랑받고 귀여움을 받았었는지 난생처음 깨달았다. 마치 작은할머니는 그 누구도 다정하게 대하는 사람이 아니었고, 그런 것을 좋게 바라보지도 않았다. 그런데도 할머니는 에이미에게 잘해 주려고 했다. 예의 바른 에이미가 마음에 들었고, 조카의 자식이라 그런지 마음이 약해졌기 때문이다. 단지 그런 속내를 대놓고 표현하는 게 적절하지 않다고 생각했을 뿐이다.

마치 작은할머니는 에이미를 행복하게 해 주려고 정말 최선을 다했다. 하지만 저런, 실수를 저지르고 말았다. 나이 든 사람 중에는 주름이 생기고 머리가 희끗희끗해도 마음만은 젊음을 유지하고, 아이들의 걱정과 즐거움에 공감하고, 편안하게 해 주고, 즐거운 놀이로 도움이 되는 교훈을 배우게 하고, 다정하게 우정을 주고받는 사람들도 있다. 하지만 마치 작은할머니에겐 그런 재주가 없었다. 그녀는 규칙과 명령, 자기만의 고리타분한

Amy's Will

While these things were happening at home, Amy was having hard times at Aunt March's. She felt her exile deeply, and for the first time in her life, realized how much she was beloved and petted at home. Aunt March never petted any one; she did not approve of it, but she meant to be kind, for the well-behaved little girl pleased her very much, and Aunt March had a soft place in her old heart for her nephew's children, though she didn't think it proper to confess it.

She really did her best to make Amy happy, but, dear me, what mistakes she made. Some old people keep young at heart in spite of wrinkles and gray hairs, can sympathize with children's little cares and joys, make them feel at home, and can hide wise lessons under pleasant plays, giving and receiving friendship in the sweetest way. But Aunt March had not this gift, and she worried Amy very much with

방식, 길고 지루한 이야기로 에이미를 무척 괴롭게 했다. 에이미가 조보다 고분고분하고 싹싹하다는 사실을 알게 된 작은할머니는 집에서 자유롭게 마음대로 살면서 생긴 나쁜 습관을 최대한 잡아 주는 게 자신의 의무라고 생각했다. 그래서 에이미를 붙들고 자신이 60년 전에 배운 대로 가르쳤다. 그 과정에서 에이미는 영혼 깊이 절망했고, 아주 엄격한 거미의 거미줄에 걸린 파리가 된 기분이었다.

아침마다 컵을 씻어야 했고, 고풍스러운 숟가락들과 은으로 만든 불룩한 찻주전자, 그리고 유리잔들을 윤이 나도록 닦아야 했다. 그런 다음 방의 먼지를 털어야 했는데, 이 일이 정말 힘들었다. 작은할머니의 눈은 작은 얼룩 하나도 지나치는 법이 없었고, 가구 다리는 전부 갈고리 모양에다가 조각이 많아서 먼지를 아무리 털어도 마치 작은할머니의 성에 차지 않았다. 그다음에는 폴리에게 밥을 주고, 작은 반려견의 털을 빗겨 준 다음 계단을 수없이 오르내리며 물건을 가져오거나 하인들에게 할머니의 명령을 전달해야 했다. 작은할머니는 다리가 불편해서 큰 안락의자에 앉아 잘 움직이지 않았다. 이렇게 힘든 일을 끝내고 나면 공부를 해야 했는데, 에이미가 지닌 모든 미덕을 매일 같이 시험하는 일이었다. 그러고 나면 1시간 동안 운동을 하거나 놀 시간이 주어졌으니 이 시간이 어찌 즐겁지 않았을까?

her rules and orders, her prim ways, and long, prosy talks. Finding the child more docile and amiable than her sister, the old lady felt it her duty to try and counteract, as far as possible, the bad effects of home freedom and indulgence. So she took Amy by the hand, and taught her as she herself had been taught sixty years ago, a process which carried dismay to Amy's soul, and made her feel like a fly in the web of a very strict spider.

She had to wash the cups every morning, and polish up the old-fashioned spoons, the fat silver teapot, and the glasses till they shone. Then she must dust the room, and what a trying job that was. Not a speck escaped Aunt March's eye, and all the furniture had claw legs and much carving, which was never dusted to suit. Then Polly had to be fed, the lap dog combed, and a dozen trips upstairs and down to get things or deliver orders, for the old lady was very lame and seldom left her big chair. After these tiresome labors, she must do her lessons, which was a daily trial of every virtue she possessed. Then she was allowed one hour for exercise or play, and didn't she enjoy it?

💬 성홍열을 피해서 작은할머니댁에 격리된 Amy. 그곳에서 Amy는 'for the first time in her life, realized how much she was beloved and petted at home.(그동안 자신이 집에서 얼마나 사랑받고 귀여움을 받았었는지 난생처음 깨달았다.)'이라는 문장이 말하는 것처럼 집의 소중함을 깨닫습니다. 네 자매의 막내이니 Amy가 평소 가족들에게 얼마나 사랑을 많이 받았을지 짐작이 가지요? 그런 Amy가 엄격한 작은할머니를 만나서 세상의 쓴맛(?)을 맛보게 됩니다. 하지만 작은할머니는 사실 Amy를 마음에 들어 했습니다. 'She really did her best to make Amy happy.(마치 작은할머니는 에이미를 행복하게 해 주려고 정말 최선을 다했다.)'라는 문장을 보면 작은할머니가 에이미를 위해서 무언가를 해 주려 노력했음을 알 수 있지요.

하지만 세대 차이 때문일까요? 작은할머니는 Amy를 걱정하고 잘해 주고 싶은 마음을 본인이 옳다고 생각하는 방식으로 표현했는데, Amy는 그저 절망스러울 뿐입니다. 왜냐하면 작은할머니는 'she worried Amy very much with her rules and orders, her prim ways, and long, prosy talks. Finding the child more docile and amiable than her sister, the old lady felt it her duty to try and counteract, as far as possible, the bad effects of home freedom and indulgence.(그녀는 규칙과 명령, 자기만의 고리타분한 방식, 길고 지루한 이야기로 에이미를 무척 괴롭게 했다. 에이미가 조보다 고분고분하고 싹싹하다는 사실을 알게 된 작은할머니는 집에서 자유롭게

마음대로 살면서 생긴 나쁜 습관을 최대한 잡아 주는 게 자신의 의무라고 생각했다.)'라는 안타까운 방식으로 마음을 표현하는 분이니까요.

　작품 전반에 걸쳐서 자매들은 갈등과 일련의 사건들을 통해서 성장하고 있습니다. Jo는 Amy와의 갈등을 통해 불같이 화를 내는 자신의 성질을 돌아보게 되었고, Meg는 Moffat 가족이 주최한 파티에 참석해서 자신의 욕망과 마주하며 진정한 자기 모습을 잃을 뻔합니다. Beth는 건강에 위기를 맞았고, Amy는 작은할머니와 지내며 마냥 응석 부리던 막내딸에서 벗어나서 한층 성장할 기회를 갖습니다.

　물론 지금 당장은 Amy가 이 상황이 자신에게 약이 되리라는 것을 알아채지 못하고 'a process which carried dismay to Amy's soul, and made her feel like a fly in the web of a very strict spider.(그 과정에서 에이미는 영혼 깊이 절망했고, 아주 엄격한 거미의 거미줄에 걸린 파리가 된 기분이었다.)'라며 절망적인 기분을 느끼지만, 이 장의 후반부로 갈수록 Amy가 마음을 다잡는 모습을 볼 수 있습니다.

　'She had to wash the cups every morning, and polish up the old-fashioned spoons, the fat silver teapot, and the glasses till they shone.(아침마다 컵을 씻어야 했고, 고풍스러운 숟가락들과 은으로 만든 불룩한 찻주전자, 그리고 유리잔들을 윤이 나도록 닦아야

했다.)'이라는 내용이 나오는데, 집에서는 이렇게 윤이 나도록 무언가를 닦는 일이 Amy의 몫이 아니었을 겁니다. 가구의 먼지를 터는 일은 또 어떤가요? 'Not a speck escaped Aunt March's eye, and all the furniture had claw legs and much carving, which was never dusted to suit.(작은할머니의 눈은 작은 얼룩 하나도 지나치는 법이 없었고, 가구 다리는 전부 갈고리 모양에다가 조각이 많아서 먼지를 아무리 털어도 마치 작은할머니의 성에 차지 않았다.)'라고 하죠. 집에서는 이런 일들을 당연히 Beth 혹은 Hannah가 했을 겁니다. 그렇게 할 일을 다 하고 나면 비로소 1시간의 자유 시간이 주어지니, 그 시간을 얼마나 기다렸을까요?

이 장의 제목이 'Amy's Will(에이미의 유언장)'인데요, Amy는 나이가 많고 신앙심이 깊은 하인 Estelle의 도움으로 작은할머니 댁에서 지내는 시간을 의미 있게 만들어 갑니다. "life is uncertain and I don't want any ill feeling over my tomb.(살다 보면 무슨 일이 생길지 모르고, 내 무덤 앞에서 감정 싸움하는 것도 싫어.)"이라고 말하면서 작성한 유언장을 Laurie에게 확인받는 장면은 독자들의 웃음을 자아내기 충분하지요.

March 자매들은 성장하고 있고, 가족에게 다가온 시련도 모두가 똘똘 뭉쳐서 잘 헤쳐 나가고 있는 듯하네요. 이제 남은 이야기에서는 주변 인물들과의 관계가 더욱 확장되고, 이야기의 중심이 이동합니다. 확장되는 관계 속에서 제일 먼저 드러나는 인물은 과연 누구일까요? 자, 그 인물을 만나러 다음 장으로 함께 가 봅시다.

*Write a favorite sentence

_____

_____

힘든 하루는 보내는 Amy는 언제나 자신의 침대로 달려가서 울고 싶은 심정이었지만, 눈물을 한두 방울 흘리기도 전에 잠들기 일쑤였다. Laurie와 나이 많은 하인 Estelle이 없었다면 Amy는 그 시간을 견딜 수 없었을 것이다. 프랑스 출신인 Estelle은 Amy를 '마드무아젤'이라고 부르며 예뻐했다. Estelle은 Amy가 저택을 마음대로 다니도록 해 주었고, 커다란 옷장과 오래된 상자에 보관된 진귀하고 예쁜 물건들을 구경하도록 해 주었다. Amy는 이 물건들을 구경하는 것을 좋아했다. 늘 평온하고 만족스러운 Estelle이 궁금하던 차에 Amy는 자신도 그렇게 되고 싶다고 한다. Estelle은 그런 Amy에게 신자가 아니라도 매일 시간을 내서 묵상하고 기도하기를 권한다. 외로운 Amy는 뭐라도 좋으니 도움이 필요하다고 느꼈고, 옆에서 도와주는 Beth가 없으니 엄마에게 선물 받은 책을 읽는 것도 자꾸만 잊어버렸다. 신앙심이 깊은 Estelle은 진심으로 조언했고, 자매들의 걱정과 불안을 깊이 이해했다.

Amy는 문득 작은할머니가 돌아가시면 할머니가 지니신 예쁜 것들은 다 어디로 가는지 궁금해서 Estelle에게 물었다. Estelle은 Amy와 언니들에게 돌아가도록 할머니의 유언장에 쓰여 있다고 알려 주었고, 가장 먼저 약혼하는 사람에게 진주 세트를 주시기로 약속하셨다고 말한다. 작은 터키석 반지는 할머니가 처신이 훌륭하고 예의가 바르다고 여기는 Amy에게 주실 거라고 하자, Amy는 반지만 가질 수 있다면 순한 양이 될 수 있다고 다짐한다. 그날부터 Amy는 순종의 모범이 되었고, 작은할머니는 자신의 훈육이 성공했다고 자화자찬한다.

Amy는 지켜보고 칭찬하는 사람이 없어도 불행한 처지를 잊고 쾌활하게 지내며 옳은 일을 하는 것에 만족하려고 애썼다. 정말 착하게 살기로 마음먹고 나서 가장 먼저 작은할머니처럼 유언장을 쓰기로 한다. 그렇게 하면 나중에 병들어 죽게 되더라도 자신이 가지고 있는 물건을 공평하게 나눠줄 수 있을 것 같았다. Amy는 중요한 이 문서를 쉬는 시간에 최대한 정성껏 작성했고, 법률 용어는 Estelle에게 도움을 받았다. Amy를 보러 온 Laurie에게 꺼내 보인 유언장에는 자신의 물건을 누구에게 줄 것인지 적혀 있다. Laurie는 웃음을 참느라 애쓰며 누구보다 진지한 Amy의 유언장을 살펴본다.

드디어 March 부인이 돌아오고, 집안은 다시 행복으로 가득하다. 마침내 집으로 돌아온 Amy는 엄마의 무릎에 앉아서 그간 힘들었던 일을 이야기했고, 더는 이기적으로 살지 않겠다고 한다. 한편 Jo 역시 엄마에게 하고 싶은 말이 있는 듯했고, 엄마는 이야기를 꺼내 보라고 한다.

Day 26

비밀 이야기

돌아온 엄마에게 조가
그간 말하지 못했던 비밀 이야기를 털어놓습니다.
무슨 이야기인지 들어 볼까요?

"메그도 그 사람을 좋아하는 것 같니?" 마치 부인이 걱정스러운 표정으로 물었다.

"이런! 제가 사랑 같은 것에 대해서 뭘 알겠어요!" 조는 호기심과 경멸이 섞인 묘한 표정으로 외쳤다. "소설을 보면 사랑에 빠진 여자애들은 화들짝 놀라면서 얼굴을 붉히거나, 쓰러지거나, 야위거나, 바보처럼 행동해요. 그런데 언니는 그러지 않아요. 분별 있는 사람처럼 잘 먹고 마시고 잘 자요. 제가 브룩 선생님 얘기를 할 때도 제 얼굴을 똑바로 바라보고요. 테디(로리의 정식 이름인 '시어도어'의 별칭)가 연인과 관련된 말을 할 때만 얼굴을 조금 붉히는 정도죠. 제가 그만하라고 하는데, 테디는 아랑곳하지 않아요."

"그러니까 네가 보기엔 메그는 존에게 관심이 없다는 거지?"

"누구요?" 조는 놀라며 엄마를 바라봤다.

"브룩 선생님 말이야. 이제 난 '존'이라고 불러. 나도 너희 아빠도 병원에서 그렇게 불렀단다. 존도 좋아하더구나."

"세상에! 엄마가 선생님 편드실 줄 알았어요. 선생님이 아빠에게

Confidential

contempt 경멸 Mercy me! 아이고!, 세상에! start 깜짝 놀라다
fancy 생각하다 wheedle 구슬리다 wrathful 몹시 노한 tweak 잡아당기기, 비틀기
devoted 헌신적인 leave 허락, 허가 consent 동의하다

"Do you think Meg cares for him?" asked Mrs. March, with an anxious look.

"Mercy me! I don't know anything about love and such nonsense!" cried Jo, with a funny mixture of interest and contempt. "In novels, the girls show it by starting and blushing, fainting away, growing thin, and acting like fools. Now Meg does not do anything of the sort. She eats and drinks and sleeps like a sensible creature, she looks straight in my face when I talk about that man, and only blushes a little bit when Teddy jokes about lovers. I forbid him to do it, but he doesn't mind me as he ought."

"Then you fancy that Meg is not interested in John?"

"Who?" cried Jo, staring.

"Mr. Brooke. I call him 'John' now. We fell into the way of doing so at the hospital, and he likes it."

"Oh, dear! I know you'll take his part. He's been good to

잘했으니 그분을 쫓아 보내지 않고, 언니만 좋다고 하면 그 사람과 결혼하도록 놔두실 테죠. 정말 비열한 행동이에요! 아빠에게 다정하게 굴고 엄마를 돕다니. 그게 다 자기를 좋아하도록 만들려고 그런 거잖아요." 조는 분노에 차서 다시 머리카락을 잡아당기고 비틀었다.

"조, 그렇게 화내지 말렴. 어떻게 된 일인지 말해 줘야겠구나. 존은 로런스 씨의 부탁으로 나와 함께 갔고, 가여운 네 아빠를 헌신적으로 돌봤단다. 어찌 우리가 그 사람을 좋아하지 않을 수 있겠니. 존은 메그에 대한 마음을 전혀 숨기지 않았고, 생각도 굉장히 바르더구나. 우리에게 메그를 사랑한다고 말했어. 하지만 편히 지낼 집을 마련하고 나서 청혼하겠다고 했어. 그저 메그를 사랑하고, 메그를 위해서 일하고, 할 수만 있다면 메그의 마음을 얻을 수 있도록 허락만 해 달라고 했을 뿐이야. 정말 훌륭한 젊은이야. 그래서 네 아빠와 난 그의 말에 귀 기울일 수밖에 없었단다. 물론 메그가 이렇게 어린 나이에 약혼하는 건 허락하지 않을 거야."

Father, and you won't send him away, but let Meg marry him, if she wants to. Mean thing! To go petting Papa and helping you, just to wheedle you into liking him." And Jo pulled her hair again with a wrathful tweak.

"My dear, don't get angry about it, and I will tell you how it happened. John went with me at Mr. Laurence's request, and was so devoted to poor Father that we couldn't help getting fond of him. He was perfectly open and honorable about Meg, for he told us he loved her, but would earn a comfortable home before he asked her to marry him. He only wanted our leave to love her and work for her, and the right to make her love him if he could. He is a truly excellent young man, and we could not refuse to listen to him, but I will not consent to Meg's engaging herself so young."

💬 드디어 엄마가 돌아왔습니다. 그리고 작은할머니 댁에 머물던 Amy도 다시 집으로 돌아왔지요. 자매들은 그동안 엄마한테 하고 싶은 이야기가 얼마나 많았을까요?

Jo는 Meg가 잃어버린 장갑 한 짝을 Brooke 선생님이 가지고 있다는 것을 Laurie를 통해서 이미 알고 있었습니다. Jo는 엄마에게 "Brooke owned that he liked Meg but didn't dare say so, she was so young and he so poor.(브룩 선생님은 언니를 좋아해서 그 장갑을 지니고 있었지만, 언니가 아직 어리고 선생님은 가난해서 고백하지 못했대요.)"라고 말하며, Brooke 선생님의 행동을 불쾌하게 생각합니다. 하지만 엄마는 "I call him 'John' now. We fell into the way of doing so at the hospital, and he likes it.(이제 난 '존'이라고 불러. 나도, 너희 아빠도 병원에서 그렇게 불렀단다. 존도 좋아하더구나.)"이라는 말로 Brooke을 어떻게 생각하는지 간접적으로 드러냅니다. 그런데 이 말을 들은 Jo는 엄마와 아빠에게 의도적으로 잘 보이려고 한 Brooke 선생님이 더욱 맘에 들지 않습니다.

Meg의 모델 격인 작가의 친언니 Anna Alcott(안나 올콧)은 프리마돈나를 꿈꾸며 연극에 빠졌었다고 합니다. 그녀는 동생인 루이자와 함께 멜로 드라마를 쓰고 친구들 앞에서 선보이곤 했는데, 친구들 사이에서 루이자의 연기는 코믹하고 안나의 연기는 절로 손수건을 꺼내게 만든다고 알려져 있었다고 합니다. 작가의 그런 경험이 첫 장에서 크리스마스를 맞아 연극을 준비하고

공연하는 자매들의 모습을 생생하게 그리는 데 큰 도움이 됐으리라 짐작할 수 있습니다. 안나는 1834년에 James Robinson Planche 소극장에서 〈The Loan of a Lover〉라는 작품을 맡게 되는데요, 거기서 상대역인 John Pratt(존 프랫)이라는 사람과 사랑에 빠지게 되고 1860년 결혼했다고 합니다.

"John went with me at Mr. Laurence's request, and was so devoted to poor Father that we couldn't help getting fond of him.(존은 로런스 씨의 부탁으로 나와 함께 갔고, 가여운 네 아빠를 헌신적으로 돌봤단다. 어찌 우리가 그 사람을 좋아하지 않을 수 있겠니.)"이라는 March 부인의 말에서 알 수 있듯이, Brooke 선생님은 자신이 마음에 두고 있는 사람의 가족이 어려움을 겪을 때 함께합니다. 게다가 "he told us he loved her, but would earn a comfortable home before he asked her to marry him.(그는 우리에게 메그를 사랑한다고 말했어. 하지만 편히 지낼 집을 마련하고 나서 청혼하겠다고 했어.)" 이렇게 Meg를 향한 마음을 숨기지 않고 말하되, 신중한 모습을 보였으니 어느 엄마가 그런 청년을 싫다고 할 수 있을까요?

March 부인의 Brooke 선생님에 대한 긍정적인 인상은 앞으로 그가 Meg와 어떤 관계로 이어질지 짐작하게 합니다. 소설에서 지면을 많이 할애한다는 것은 중심인물이라는 뜻이니까요. 지금까지는 존재가 크게 부각되지 않았던 Brooke 선생님은 이 장면을 통해서 독자들에게 확실히 각인됩니다.

  앞서 말씀드린 이야기의 중심축이 이동하게 된다는 건 이런 의미입니다. 지금까지의 이야기는 어떤 인물이 있는지 소개하고, 그들이 어떤 사람들이며, 어떻게 성장해 가는지에 초점이 있었다면, 이제는 이들을 중심으로 해서 관계가 발전되는 사람들이 나올 때가 된 것이지요.

  엄마의 이야기를 들은 이후에 Jo는 "I just wish I could marry Meg myself, and keep her safe in the family.(할 수만 있다면 제가 메그 언니와 결혼해서 가족이라는 울타리 안에서 언니를 안전하게 지키고 싶은 마음이에요.)"라고 말합니다. 그런데 Meg의 결혼이 진행되는 과정에서 Jo의 반응이 잘 이해되지 않는다고요? 그렇다면 작가 루이자의 삶을 다시 한번 떠올려 봐야겠습니다. 가족의 생계를 꾸려 가는 일이 루이자와 그녀 엄마의 몫으로 넘어왔고, 특히 실질적인 경제활동을 할 수 있었던 루이자가 많은 책임을 떠안았죠. 집에서 가장 역할을 하게 된 루이자에게는 오로지 가족 구성원들의 안정이 중요했습니다. 이전 해설에서도 엄마에게 걱정 없이 살 수 있는 편안한 집을 마련해 주고 싶었던 루이자의 마음을 설명한 적이 있는데, 이와 같은 작가 자신의 경험이 Jo라는 인물에게 투영되었음을 알 수 있습니다.

  언니가 좋은 짝을 만나게 될지도 모른다는 사실이 Jo에게는 불안의 요소로 다가옵니다. Jo의 마음은 어떻게 Meg에게 전달이 될까요? Meg는 어떤 반응을 보일까요? Brooke의 마음은 확인했지만, 정작 Meg는 마음속으로 어떤 생각을 하고 있을까요? 다음 장에서 확인해 보기로 해요.

*Write a favorite sentence

_____

_____

Brooke 선생님을 거절할 수 없었던 엄마의 마음은 이해하지만, 언니를 갑자기 떠나보내게 될 수도 있다고 생각하니 마음에서 받아들여지지 않는 Jo. 언니가 결혼이라도 하게 되면 다 같이 오붓하게 보내는 평화로운 시절은 끝이라고 생각한다. 그리고 언니가 Brooke 선생님께 빠져서 더는 자신을 다정하게 대하지 않게 될까 걱정한다. 엄마는 그런 Jo의 마음을 이해해 주며 엄마 역시 Meg가 지금 약혼을 해서 너무 빨리 누군가에게 구속되는 건 원치 않는다고 말하며 Jo가 불안해하지 않도록 다독인다. 그러던 중 Jo는 언니랑 Laurie를 결혼하도록 해서 언니가 풍족하게 살게 해 주고 싶었다는 말을 한다. 하지만 엄마는 Meg의 짝으로 Laurie는 어울리지 않는 듯하고, 시간과 마음이 알아서 짝을 정하게 두라고 한다.

Jo는 비밀이 마음을 짓눌렀지만 털어놓을 수는 없었다. Meg는 궁금했지만, 그럴수록 아무것도 묻지 않으면 오히려 Jo가 스스로 말하리라 생각한다. 그런데도 Jo가 계속 침묵하자 의아하게 여긴다. March 부인은 오랫동안 갇혀 있었던 Jo가 휴식을 취하고 운동도 하면서 즐겁게 지낼 수 있도록 Beth의 간호를 도맡는다. Jo는 Meg가 예민하고 신경질적으로 변하고 잘 먹지도 않고 잠도 잘 못 자는 모습을 보며, 언니가 생각보다 빨리 사랑에 빠지고 있는 것을 걱정한다.

그러던 어느 날, Meg가 사색이 되어 Jo에게 달려온다. 자신에게 편지가 왔는데 아무리 봐도 Brooke이 보낸 편지가 아니라며, Jo가 장난을 친 건 아닌지, Laurie도 함께 장난에 가담한 것은 아닌지 묻는다. Jo는 전혀 그런 일이 없었다고 펄쩍 뛴다. 알고 보니 Meg에게 온 편지 사건은 Laurie의 장난으로 드러나고, 자신의 잘못을 알게 된 Laurie는 진심을 담아 March 부인과 Meg에게 사과한다. 진심으로 사과하는 Laurie를 모두 용서하지만, 이 일은 Meg에게 너무나 부끄러운 일이니 비밀을 지킬 것을 당부한다.

Laurence 할아버지가 March 부인이 Laurie를 부른 이유에 대해 묻지만, Laurie는 끝까지 비밀로 한다. Laurie가 무언가 숨긴다고 생각한 할아버지는 감정이 격해지고, 그런 할아버지의 태도에 반감을 느낀 Laurie 역시 감정적으로 대응한다. 이에 Jo가 두 사람 사이에서 서로의 입장을 이해시키며 중재한다.

Day 27

즐거운 초원

또다시 크리스마스가 돌아왔습니다.
여전히 중요한 한 사람이 빠진 것에 아쉬움을 표하던 중에
깜짝 선물을 받게 되는 마치 가족입니다. 그 선물은 무엇일까요?

어찌 된 일인지 로리는 말을 제대로 끝내기도 전에 비켜섰다. 그러자 눈까지 목도리를 감은 키 큰 남자가 또 다른 키 큰 남자에게 부축을 받으며 나타났다. 부축을 받고 있던 남자는 무슨 말을 하려고 했지만 할 수 없었다. 당연히 모두 우르르 몰려갔고, 너무나 기묘한 상황이 벌어진 탓에 어안이 벙벙해져서 잠시 아무도 말이 없었다.

마치 씨는 사랑하는 네 사람의 품에 파묻혀 보이지 않았다. 조는 망신스럽게도 기절할 뻔해서 로리가 도자기 찬장 쪽으로 데리고 나와서 진정시켜야 했다. 브룩 선생님은 정말 실수로 메그에게 입을 맞추고 나서 앞뒤가 안 맞는 말로 변명했다. 품위 있는 에이미는 등받이 없는 의자에서 굴러떨어지고는 일어서지 않고 아빠의 장화를 껴안고 우는 감동적인 모습을 보였다. 마치 부인이 가장 먼저 정신을 차리고는 손을 올리며 주의를 환기했다. "쉿! 자고 있는 베스도 생각해야 해."

Pleasant Meadows

stampede 우르르 몰림 wit 분별력, 제정신 incoherently 두서없이
wrapper (여자용) 실내복 threshold 문지방 limb 팔다리, 사지 subside 진정되다
precipitately 다급히 invalid 병자 repose 쉬다

Before the words were well out of his mouth, he was whisked away somehow, and in his place appeared a tall man, muffled up to the eyes, leaning on the arm of another tall man, who tried to say something and couldn't. Of course there was a general stampede, and for several minutes everybody seemed to lose their wits, for the strangest things were done, and no one said a word.

Mr. March became invisible in the embrace of four pairs of loving arms. Jo disgraced herself by nearly fainting away, and had to be doctored by Laurie in the china closet. Mr. Brooke kissed Meg entirely by mistake, as he somewhat incoherently explained. And Amy, the dignified, tumbled over a stool, and never stopping to get up, hugged and cried over her father's boots in the most touching manner. Mrs. March was the first to recover herself and held up her hand with a warning, "Hush! Remember Beth."

그러나 이미 늦었다. 서재 문이 활짝 열리더니 진홍색 실내복을 입은 베스가 문지방에 나타났다. 연약한 팔다리가 기쁨에 힘을 얻었는지 베스는 아빠의 품으로 곧장 뛰어들었다. 그 후에 일어난 일은 자세한 설명이 필요 없을 듯하다. 마음에 기쁨이 가득 흘러넘쳐서 과거의 쓸쓸함은 씻겨 나가고, 현재의 달콤함만 남았다.

낭만적이기만 한 게 아니었다. 문 뒤에서 해나가 통통한 칠면조를 들고 눈물을 흘리면서 서 있는 모습에 모두 고개를 들고 한바탕 웃기도 했다. 주방에서 급히 나오느라 손에 들고 있던 칠면조를 내려놓는 걸 깜빡한 탓이다. 웃음이 잦아들자, 마치 부인은 브룩 선생님에게 남편을 성심성의껏 돌봐 줘서 고맙다는 인사를 전했다. 그 말을 듣고 마치 씨가 안정을 취해야 한다는 사실이 불현듯 떠오른 브룩 선생님은 로리를 데리고 다급히 물러났다. 잠시 후 휴식을 명령받은 두 환자는 큰 안락의자에 앉아 열심히 얘기를 나눴다.

But it was too late. The study door flew open, the little red wrapper appeared on the threshold, joy put strength into the feeble limbs, and Beth ran straight into her father's arms. Never mind what happened just after that, for the full hearts overflowed washing away the bitterness of the past and leaving only the sweetness of the present.

It was not at all romantic but a hearty laugh set everybody straight again, for Hannah was discovered behind the door, sobbing over the fat turkey, which she had forgotten to put down when she rushed up from the kitchen. As the laugh subsided, Mrs. March began to thank Mr. Brooke for his faithful care of her husband, at which Mr. Brooke suddenly remembered that Mr. March needed rest, and seizing Laurie, he precipitately retired. Then the two invalids were ordered to repose, which they did, by both sitting in one big chair and talking hard.

💬 'Pleasant Meadows(즐거운 초원)'라는 제목만 봐도 March 가족에게 드리웠던 어두운 그림자가 걷히고 있음을 알 수 있습니다. 이 장의 첫 문장은 'Like sunshine after a storm were the peaceful weeks which followed.(폭풍우가 지나간 뒤에 햇살이 내리쬐듯이 그 후 몇 주 동안 평화로운 나날이 이어졌다.)' 이렇게 시작합니다. 'Mr. March began to talk of returning early in the new year.(마치 씨가 새해 초에는 집으로 돌아갈 수 있을지 모른다는 얘기도 전해왔다.)'라는 기쁜 소식도 날아들고, 'Beth was soon able to lie on the study sofa all day.(베스는 종일 서재 소파에 누워 있는 게 가능할 정도로 회복했다.)'에서 알 수 있듯이 Beth 역시 서서히 건강을 되찾고 있지요. 하필이면 엄마가 계시지 않을 때 Beth의 상태가 좋지 않아서 더 절망적이었던 때처럼, 기쁜 일도 한꺼번에 몰려들고 있습니다.

네 자매가 크리스마스를 기다리는 첫 장면을 기억하시나요? 아빠가 함께하지 못해서 아쉬웠는데, 1년이 지나서 다시 맞게 되는 크리스마스에도 여전히 아빠가 계시지 않아서 서운한 March 가족입니다. Beth는 "I'm so full of happiness, that if Father was only here, I couldn't hold one drop more,(정말 행복해. 아빠만 함께 계신다면 더 바랄 게 없을 거야)"라고 말합니다. 그런데 Laurie가 "Here's another Christmas present for the March family.(마치 가족을 위한 크리스마스 선물이 하나 더 있습니다.)"라고 하며 깜짝 선물을 선보이고, 그건 바로 Mr. March, 아빠였죠. 잘하면 새해 초에 돌아올 수 있다던 아빠가 지금 여기 이 자리에, 짜잔~ 하고 나타났습니다. 가족들 모두 이 순간이 얼마나 감격스러웠는지는 이 문장 하나에 다 담겨 있습니다. 'Mr. March became invisible in the embrace of four pairs of loving arms.(마치 씨는 사랑하는 네 사람의 품에 파묻혀 보이지 않았다.)'

그런데 좀 고개를 갸우뚱거리게 되지는 않나요? 오랫동안 작품에 보이지 않던 아빠가 돌아왔는데, 그것도 전쟁터에서 다치고 생사의 고비를 넘기고 예정보다도 빨리 회복해서 돌아온 그런 아빠인데, 대사 한마디가 없습니다. 네 딸이 동시에 아빠를 껴안는 바람에 바로 다시 'invisible'한 상태가 되죠. 초월론자(transcendentalist)였던 작가의 아버지, 브론슨 올콧의 행보는 늘 호사가들의 호기심을 끌곤 했고, Fruitlands를 설립하고 몰락하는 과정 내내 입방아에 오르내렸습니다. 표면상 가장의 역할을 하지 못했다는 이유로 부정적인 시선도 있었죠. 그런 아버지를 가까이에서 지켜보면서 작가 루이자는 마음이 어땠을까요? 바로 이 문장에서 궁금증이 풀립니다. 작가는 작품 속 March 자매들처럼 아버지를 대중의 비난에서 보호하고 싶었던 자신의 바람을 'invisible'이라는 단어로 표현한 것이죠.

Meg와 Jo를 그토록 마음 졸이게 했던 Beth마저 회복해서 'Beth ran straight into her father's arms.(베스는 아빠의 품으로 곧장 뛰어들었다.)'라고 묘사합니다. 이렇게 간절히 기다리던 아빠를 만났으니 'Never mind what happened just after that.(그 후에 일어난 일은 자세한 설명이 필요 없을 듯하다.)'이라는 작가의 말처럼 무슨 말이 더 필요했을까요? 시련 후에 다시 찾아온 행복이니 가족들은 몇십 배로 기뻤으리라 짐작됩니다.

안타깝지만 루이자가 전쟁터에서 병을 앓다가 집에 돌아왔을 때는 다른 풍경이었다고 합니다. 집에는 돌아왔지만 여전히 건강이 좋지 않아서 자신의 일기에 'all blauzed(blazed) crazy & weak.(불꽃에 타는 듯이 아프고, 약해졌다.)', 가끔 섬망에 시달릴 땐 'the house was roofless & no one wanted to see me.(집엔 지붕이 없었고, 아무도 나를 보고 싶어 하지 않았다.)'라고 적기도 했다고 합니다. 때로는 환각 증세가 3주 이상 지속되기도 했으며, 끝내 이전의 건강했던 모습으로는 회복하지 못했다고 하니 calomel treatment(수은 치료)의 부작용이 얼마나 끔찍했는지 짐작게 합니다.

아빠가 돌아오시고, 행복하게 마무리되는 모양새입니다. 여기서 이야기를 끝내는 게 좋아 보이는데요, 아직 한 장이 더 남아 있습니다. 왜 그럴까요? 그건 다음 장에서 확인해 봅시다.

*Write a favorite sentence

_____

_____

March 씨는 가족들을 놀라게 해 주고 싶어서 날씨가 좋아진 틈을 타 의사의 허락을 받고 나왔다고 설명한다. 또한, Brooke 선생님이 얼마나 헌신적이었으며 훌륭하고 바른 젊은이인지도 설명한다. 가족 모두에게 그날 같은 점심 식사는 처음이었다. Laurence 할아버지와 Laurie, 그리고 Brooke 선생님도 함께한 식사였다. 자매들은 돌아가면서 이번 한 해가 어땠는지 이야기한다. 아빠는 한 명 한 명 어떻게 성장했는지 이야기해 주며 힘든 시간을 잘 견딘 딸들을 칭찬한다.

다음 날에도 March 부인과 딸들은 무리 지어 여왕벌을 쫓아다니는 꿀벌처럼 March 씨 주위를 맴돈다. 다들 열 일 제쳐 두고 새로운 환자를 시중들고 그의 말에 귀 기울여서 March 씨가 부담을 느낄 정도였다. 그런 와중에 March 부부는 Meg의 달라진 모습을 걱정스럽게 바라본다. Jo는 '언니의 John'이라 칭하며 냉소적으로 언니의 마음을 묻지만, Meg는 그 말이 싫지 않으면서도 자신의 마음은 흔들리지 않을 것이라고 확신한다. Jo는 그런 언니를 부추기기라도 하듯이 아니라고 확신한다면 서둘러 담판을 지으라고 한다.

Meg는 Jo에게 John이 먼저 말을 꺼내기 전에 자기가 무언가를 할 수는 없다고 한다. 그런 언니의 태도를 보면서 Jo는 Brooke 선생님이 먼저 말을 꺼낸다고 해도 언니는 아무 말도 하지 못하고 울거나 얼굴만 붉히거나, 아니면 선생님이 마음대로 하게 둘 거라고 장담한다. 하지만 Meg는 자신은 그렇게 나약하지 않고 무슨 말을 할 건지 다 생각해 두었으니 John의 의도대로 끌려가지 않을 것이고, 차분하고 단호하게 자신이 준비한 말을 하겠다고 확신한다. Jo의 앞에서 생각해 둔 말을 해 보면서 어떤 동작도 취할지 Jo에게 보여 주려고 일어서는데 복도에서 발소리가 들린다. 그러자 Meg는 얼른 자리에 앉아 열심히 바느질하는 척한다.

마치 작은할머니가 문제를 해결하다 1

갑자기 우산을 찾으러 왔다고 집에 방문한 존.
마침 조와 함께 존에 관해서 이야기를 나누고 있던 터라 메그는 많이 당황합니다.
존은 정말 우산을 찾으러 왔을까요?

"가지 말아요. 내가 무서운가요, 마거릿?" 브룩 선생님이 상처받은 듯 보여서 메그는 자신이 너무 무례하게 굴었다고 생각했다. 메그는 곱슬머리가 흘러내린 이마 끝까지 얼굴이 빨개졌다. 이전에는 단 한 번도 자신을 마거릿이라고 부른 적이 없었는데, 메그는 그렇게 부르는 게 자연스럽고 다정하게 들려서 깜짝 놀랐다. 친근하고 편안하게 보일까 봐 걱정하면서도 신뢰를 담아 한 손을 내밀며 감사의 인사를 전했다.

"아버지께 그렇게 친절을 베풀어 주신 분을 무서워하다니요? 그저 고마운 마음을 전하고 싶을 뿐이에요."

"어떻게 고마움을 전할 수 있는지 말해 드려도 될까요?" 브룩 선생님은 자신의 양손에 메그의 작은 손을 꼭 잡아 쥐고 대답했다. 메그를 내려다보는 갈색 눈동자에 사랑이 가득해서 메그의 심장이 요동치기 시작했다. 그 자리에서 도망치고 싶기도 했지만 멈춰서서 그의 말을 듣고 싶기도 했다.

"아, 안돼요. 그러지 마세요. 안 들을래요." 메그가 손을 빼려고

Aunt March Settles the Question #1

confiding 신뢰하는 flutter 두근거리다 hang one's head 고개를 숙이다
stoop 몸을 굽히다 plump 통통한 falter (목소리가) 떨리다 in the meantime 그 사이에
break in 끼어들다 get possession of ~을 손에 넣다

"Don't go. Are you afraid of me, Margaret?" and Mr. Brooke looked so hurt that Meg thought she must have done something very rude. She blushed up to the little curls on her forehead, for he had never called her Margaret before, and she was surprised to find how natural and sweet it seemed to hear him say it. Anxious to appear friendly and at her ease, she put out her hand with a confiding gesture, and said gratefully...

"How can I be afraid when you have been so kind to Father? I only wish I could thank you for it."

"Shall I tell you how?" asked Mr. Brooke, holding the small hand fast in both his own, and looking down at Meg with so much love in the brown eyes that her heart began to flutter, and she both longed to run away and to stop and listen.

"Oh no, please don't, I'd rather not," she said, trying to withdraw her hand, and looking frightened in spite of her

하며 대답했다. 무섭지 않다고 했지만, 얼굴에는 두려움이 가득했다.

"메그, 당신을 불편하게 하려는 게 아니에요. 그저 당신이 나에게 조금이라도 마음이 있는지 알고 싶을 뿐이에요. 당신을 정말 사랑합니다." 브룩 선생님이 다정하게 말했다.

차분하게 적절한 말을 해야 할 순간이 왔지만, 메그는 말하지 못했다. 생각했던 말들을 몽땅 잊어버려서 그저 고개를 푹 숙인 채로 "모르겠어요."라는 대답만 했다. 그 목소리가 너무 작아서 존은 바보 같은 짧은 대답을 들으려고 몸을 숙여야 했다.

존은 노력해 볼 만한 가치가 있다고 생각했는지 만족스러운 미소를 지으며 잡고 있던 메그의 통통한 손에 고마운 마음을 담아 힘을 주었다. 그리고 아주 설득력 있는 목소리로 물었다. "그럼 답을 찾아보려고 노력해 볼래요? 난 그 답을 꼭 알고 싶어요. 당신의 마음을 얻을 수 있는지 없는지 알기 전에는 일도 제대로 할 수 없어요."

"전 너무 어려워요." 메그가 떨리는 목소리로 말했다. 왜 이렇게 가슴이 두근거리는지 알 수 없었지만, 그 느낌이 싫지는 않았다.

"기다릴게요. 그동안 날 좋아하는 법을 배울 수도 있잖아요. 너무 어려운 일인가요?"

"배우려고 마음만 먹는다면야 어렵지 않지만 혹시라도…"

"메그, 부탁이니 한 번만 배워 봐요. 내가 기꺼이 방법을

denial.

"I won't trouble you. I only want to know if you care for me a little, Meg. I love you so much, dear," added Mr. Brooke tenderly.

This was the moment for the calm, proper speech, but Meg didn't make it. She forgot every word of it, hung her head, and answered, "I don't know," so softly that John had to stoop down to catch the foolish little reply.

He seemed to think it was worth the trouble, for he smiled to himself as if quite satisfied, pressed the plump hand gratefully, and said in his most persuasive tone, "Will you try and find out? I want to know so much, for I can't go to work with any heart until I learn whether I am to have my reward in the end or not."

"I'm too young," faltered Meg, wondering why she was so fluttered, yet rather enjoying it.

"I'll wait, and in the meantime, you could be learning to like me. Would it be a very hard lesson, dear?"

"Not if I chose to learn it, but. . ."

"Please choose to learn, Meg. I love to teach, and this is

가르쳐 줄게요. 독일어보다 쉬워요.” 존은 메그의 말에 끼어들며
나머지 한 손도 잡았다. 그래서 메그는 그가 얼굴을 숙여 자신을
쳐다보는데도 얼굴을 가릴 수가 없었다.

easier than German," broke in John, getting possession of the other hand, so that she had no way of hiding her face as he bent to look into it.

😊 March 씨와 March 부인에게만 자신의 마음을 밝혔던 John이 자신에게 온 기회를 제대로 붙잡는 모습입니다. 여느 자매들처럼 Jo와 Meg는 John이 혹시라도 Meg에게 마음을 고백한다면 어떻게 할 생각인지 얘기를 나누고 있었습니다. 그러다가 갑자기 John이 집에 찾아와서는 "Good afternoon. I came to get my umbrella, that is, to see how your father finds himself today.(안녕하세요. 우산을 찾으러 왔습니다. 그러니까, 오늘은 아버님이 어떠신지 살펴보려고요.)"라고 말합니다. 하지만 John이 정말 찾으러 온 것이 무엇인지는 뒤의 대화를 보면 알게 됩니다.

갑작스러운 John의 등장에 당황한 Meg는 횡설수설하다가 어머니를 모시고 오겠다며 급히 자리를 벗어나려고 합니다. John은 어렵게 둘이 마주한 순간을 허무하게 놓칠세라 "Don't go. Are you afraid of me, Margaret?(가지 말아요. 내가 무서운가요, 마거릿?)" 이라는 말로 Meg를 붙잡습니다.

원래 루이자가 의도한 이야기의 끝은 앞 장까지였다고 합니다. 하지만 그녀와 함께 일하던 편집자 토마스 나일은 이미 속편을 염두에 두고 있었기에 한 장을 더 써 달라고 부탁합니다. 뒤에 어떤 이야기가 이어질지 암시하는 내용으로 말이죠. 그래서 루이자가 선택한 것이 Meg와 John의 감정선인데요, 모든 게 마무리되기에는 남은 분량이 적어서 맛보기만 보여 주는 느낌입니다. 편집자가 속편에 대한 요구가 빗발치도록 하려는 계산까지 했는지는 모르지만, 그러는 바람에 독자들은 '더 써 달라'고 했습니다. 《작은 아씨들》의 1권이 출간된 게 1868년 10월 1일인데요, 10월이 가기 전에 루이자의 편집자는 이듬해 봄에 맞춰 출간할 수 있도록 2권을 부탁했다고 합니다.

　사랑을 담아 자신을 바라보는 John의 모습을 보고 Meg는 'she both longed to run away and to stop and listen.(메그는 그 자리에서 도망치고 싶기도 했지만 멈춰서서 그의 말을 듣고 싶기도 했다.)' 이라며 두 가지 마음 사이에서 갈등합니다. 그냥 뿌리치고 가자니 무슨 말을 할지 궁금했던 거지요. 갈팡질팡하는 Meg에게 John은 "I only want to know if you care for me a little, Meg. I love you so much, dear.(그저 당신이 나에게 조금이라도 마음이 있는지 알고 싶을 뿐이에요. 당신을 정말 사랑합니다.)" 이렇게 확실하게 자신의 마음을 전달합니다. Meg의 엄마와 아빠에게도 그랬듯이, John은 Meg에 대한 자신의 감정에 확신이 있습니다.

　사실 Meg는 John이 찾아오기 전에 Jo에게 말한 바 있습니다. John이 자신에게 마음을 묻는 말을 꺼내면 차분하고 단호하게 "Thank you, Mr. Brooke, you are very kind, but I agree with Father that I am too young to enter into any engagement at present, so please say no more, but let us be friends as we were.(고마워요, 브룩 선생님. 정말 친절하신 분이지만, 난 아빠와 뜻이 같아요. 당장 누구와 약혼하기에는 너무 어려요. 그러니 더는 얘기 말아 주시고, 이제껏 그랬듯이 친구로 지내요.)" 이렇게 말하겠다고

말이지요. 하지만 막상 그 상황이 되자 그렇게 이성적이던 Meg는 온데간데없고, 'She forgot every word of it, hung her head, and answered, "I don't know."(그녀는 생각했던 말들을 몽땅 잊어버려서 그저 고개를 푹 숙인 채로 "모르겠어요."라는 대답만 했다.)' 이처럼 모르겠다는 말만 합니다. 자연스레 웃음 짓게 되는 장면이지요. 만약 이 모습을 Jo가 봤다면 어땠을까요?

갑작스러운 상황에 놓일 때 우리는 자신의 마음을 단번에 알아차리지 못할 때가 있지요. John은 사람의 그런 마음을 알고 있었던 걸까요? "I'll wait, and in the meantime, you could be learning to like me.(기다릴게요. 그동안 날 좋아하는 법을 배울 수도 있잖아요.)"라고 말하며 Meg를 재촉하지 않습니다. 공은 이제 Meg에게 넘어갔네요. John의 기다림은 좋은 결실을 보게 될까요?

*Write a favorite sentence

_____

_____

John은 Meg에게 자신을 좋아하는 방법을 배우기로 마음먹어 달라고 애원하는 말투로 말했지만 수줍은 기색은 없다. 자신의 바람이 이루어지리라 굳게 믿고 만족스럽게 Meg를 바라보는 John의 표정을 보면서 Meg는 조금 짜증이 난다. Annie Moffat가 남자의 애를 태우는 법이라고 알려 준 바보 같은 조언이 떠오르기도 했고, 숙녀의 가슴 속에 잠들어 있던 사랑의 힘이 별안간 깨어나 Meg를 사로잡았기 때문이기도 하다. 낯선 자신의 감정에 어찌할 바를 몰라서 Meg는 변덕스러운 충동이 이끄는 대로 손을 빼내며, 배우고 싶지 않으니 자기를 내버려 두고 가라고 말한다.

John은 방을 나가려는 Meg를 초조하게 붙잡으며 진심으로 하는 말인지 묻는다. 그러나 그런 일로 걱정하고 싶지 않고 아버지가 말한 대로 그럴 필요도 없고 너무 이르다는 말만 되돌아온다. 하지만 John은 머지않아 마음이 바뀌길 기다리겠다고, 자기를 너무 애태우지 말라고 부탁한다. Meg는 그러지 않겠다는 대답은커녕 자기를 생각도 하지 말라고 매몰차게 대답하며 자신이 가진 사랑의 권력을 시험하고 못된 만족감을 느낀다. John의 얼굴은 우울하고 창백해졌지만, 그렇다고 좌절하지는 않았다. 그저 아쉬움 가득하면서도 다정한 표정으로 Meg를 바라볼 뿐이다.

한편, 바람을 쐬러 나갔던 March 작은할머니는 Laurie에게서 March 씨가 집에 왔다는 소식을 듣고 조카가 보고 싶은 마음에 곧장 March 가족의 집으로 온다. 가족들을 놀라게 해 주려고 조용히 들어왔다가 함께 있는 John과 Meg를 보고 놀란다. Meg 역시 할머니를 보고 놀랐고, John은 서재로 몸을 숨긴다. March 작은할머니가 어떻게 된 일인지 Meg에게 묻자 그저 아버지가 아는 분이라고 대답했지만, 작약처럼 붉어진 Meg의 얼굴을 보고 무슨 말을 했는지 자기가 알아야겠다고 한다.

Brooke의 이름을 말하니, 작은할머니는 Jo가 실수로 엉뚱한 편지를 읽어 주는 바람에 자초지종을 알고 있다고 하며 그 남자의 마음을 받아들인 건지 캐묻는다. 그렇지 않아도 언젠가 말하려고 했는데 이참에 해 버려야겠다고 하며, 그 남자와 결혼이라도 한다면 자신의 재산을 Meg에게 한 푼도 물려주지 않겠노라 한다. 아무리 착한 사람이라고 해도 삐딱한 마음이 조금은 있기 마련인데, 젊은 데다 사랑에 빠진 사람을 건드리고 만 것이다. 작은할머니가 그 사람의 마음을 받아 주라고 했다면 그럴 생각이 없다고 했을 텐데, 그를 좋아하지 말라고 위압적으로 명령하자 Meg는 그 즉시 John을 좋아하리라 마음먹는다. 이렇게 마음이 기울어지고, 삐딱한 마음마저 먹은 Meg는 평소와 달리 할머니에게 대든다.

마치 작은할머니가 문제를 해결하다 2

작은할머니는 메그에게 존과의 관계에 대해 묻습니다.
하지만 대화의 흐름은 작은할머니의 예상을 빗나갑니다.
이유가 뭘까요?

"작은할머니, 저는 제가 좋아하는 사람하고 결혼할 거예요. 그러니까 할머니 재산은 주고 싶은 사람에게 주세요." 메그는 단호한 태도로 고개를 끄덕이며 말했다.

"이렇게 건방지다니! 내 충고를 그렇게 받아들일 테냐? 머지않아 오두막집에서 사랑 타령하다가 실패했다는 걸 깨닫고 후회할 거다."

"큰 집에서 후회하면서 사는 사람들도 있는데 그보다 더 나쁠 건 없죠." 메그가 쏘아붙였다.

마치 작은할머니는 안경을 쓰고 메그를 자세히 살펴봤다. 메그에게 이렇게 새로운 면이 있는 줄 몰랐던 탓이다. 메그 자신도 자신에게 이런 면이 있는 줄 몰랐다. 자신이 꽤 용감하고 독립적으로 느껴졌고, 존을 옹호하고, 자신이 원한다면 그를 사랑할 수 있는 권리가 있음을 주장하는 게 기뻤다. 마치 작은할머니는 자신이 말을 잘못 꺼냈음을 알고 잠시 한숨 돌리고 새롭게 다시 시작했다. 이번에는 최대한 온화하게 말했다. "자, 메그야 이성적으로 생각하고 내 조언을 받아들여 보렴. 좋은

Aunt March Settles the Question #2

nod one's head 고개를 끄덕이다 resolute 단호한 retort 쏘아붙이다
assert 주장하다 spoil 망치다 worldly 세속적인 stoutly 용감하게
live on ~을 먹고 살다 crotchety 괴팍한

"I shall marry whom I please, Aunt March, and you can leave your money to anyone you like," she said, nodding her head with a resolute air.

"Highty-tighty! Is that the way you take my advice, Miss? You'll be sorry for it by and by, when you've tried love in a cottage and found it a failure."

"It can't be a worse one than some people find in big houses," retorted Meg.

Aunt March put on her glasses and took a look at the girl, for she did not know her in this new mood. Meg hardly knew herself, she felt so brave and independent, so glad to defend John and assert her right to love him, if she liked. Aunt March saw that she had begun wrong, and after a little pause, made a fresh start, saying as mildly as she could, "Now, Meg, my dear, be reasonable and take my advice. I mean it kindly, and don't want you to spoil your whole life by making

의도로 한 말이야. 시작부터 잘못되어서 네 인생 전체가 망가지길 원치 않는단다. 결혼을 잘해서 네가 가족들에게 도움이 되어야지. 부자인 사람과 짝을 이루는 게 네 도리야. 그걸 명심해야 해."

"아버지와 어머니는 그렇게 생각하지 않으세요. 그 사람이 가난하긴 하지만 두 분은 그래도 맘에 들어 하세요."

"네 부모는 갓난아기만큼이나 세상 물정을 몰라서 그런 게야."

"저에겐 감사한 일이네요." 메그가 용감하게 외쳤다.

작은할머니는 눈치채지 못하고 잔소리를 이어갔다. "룩인가 뭔가 하는 젊은이는 가난한 데다 돈 많은 친척도 없지?"

"없어요. 그래도 마음씨 따뜻한 친구들은 많아요."

"친구들이 있다고 밥 먹고 사는 건 아니지. 친구들에게 아쉬운 소리 해 봐라. 얼마나 싸늘해지는지 보게 될 게다. 제대로 된 일도 아직 없지?"

"아직이요. 하지만 로런스 할아버지가 도와주실 거예요."

"그 도움이 오래가지는 못할 게다. 제임스 로런스는 괴팍한 늙은이라 믿을 수가 없어. 그러니까 넌 돈도, 지위도, 변변한 직업도 없는 남자와 결혼해서 지금보다 더 힘들게 일하면서 살 생각이라는 거구나. 내 말을 들으면 평생 사는 내내 더 편하게 잘살 수도 있는데 말이야. 메그, 난 네가 분별 있는 아이인 줄 알았다."

a mistake at the beginning. You ought to marry well and help your family. It's your duty to make a rich match and it ought to be impressed upon you."

"Father and Mother don't think so. They like John though he is poor."

"Your parents, my dear, have no more worldly wisdom than a pair of babies."

"I'm glad of it," cried Meg stoutly.

Aunt March took no notice, but went on with her lecture. "This Rook is poor and hasn't got any rich relations, has he?"

"No, but he has many warm friends."

"You can't live on friends, try it and see how cool they'll grow. He hasn't any business, has he?"

"Not yet. Mr. Laurence is going to help him."

"That won't last long. James Laurence is a crotchety old fellow and not to be depended on. So you intend to marry a man without money, position, or business, and go on working harder than you do now, when you might be comfortable all your days by minding me and doing better? I thought you had more sense, Meg."

☺ John과 Meg의 이야기가 계속 이어집니다. 자신의 마음을 말하고 나서 'He wore the satisfied smile of one who had no doubt of his success.(존은 그의 성공을 의심하지 않는 만족스러운 웃음을 지었다.)'라는 문장에서 보듯이 애원은 했지만, 결국은 자신의 구애가 성공하리라 생각하는 듯한 John의 표정을 보고 Meg의 마음은 묘하게 멈칫했습니다. 'taking a naughty satisfaction in trying her lover's patience and her own power(연인의 인내심과 자신이 가진 사랑의 권력을 시험하고 못된 만족감을 느끼며)' 하면서 아예 자기를 생각지도 말라고 매몰차게 말하죠.

사실 그렇게 내버려 두었다면 어쩌면 Meg의 마음은 잠잠했을지도 모릅니다. 하지만 Meg를 너무 걱정한 나머지 작은 할머니가 한 말이 Meg의 마음에 불을 지펴 버리고 맙니다. "Tell me, do you mean to marry this Cook? If you do, not one penny of my money ever goes to you. Remember that, and be a sensible girl.(저 쿡인지 뭔지 하는 사람과 결혼할 작정이냐? 그랬다가는 내 돈 한 푼도 너에게 물려주지 않을 줄 알아라. 내 말 명심하고 현명하게 처신해.)"이라는 말로 말이에요. 여기서 Brooke을 'Cook'이라고 대충 불렀는데요, 오늘 본문에서도 여전히 그의 이름 따위엔 관심조차 없다는 듯이 엉뚱하게 'Rook'이라고 부르죠.

아직 자신의 마음을 확신할 수 없을 때 누군가 나서서 말리려고 하면 되레 엉뚱한 곳으로 튕겨 나가기 마련이죠. Meg는 갑자기

John Brooke이라는 사람을 적극적으로 변호하고, 반대를 무릅쓰고 결혼하는, 마치 시련을 이겨내고 정의를 쟁취하는 소설 속 주인공이 되겠다는 양 반항심을 불태우며 "I shall marry whom I please, Aunt March, and you can leave your money to anyone you like.(작은할머니, 저는 제가 좋아하는 사람하고 결혼할 거예요. 그러니까 할머니 재산은 주고 싶은 사람에게 주세요.)"라고 말합니다. 조금 전까지 자신의 마음을 모르겠다고 John의 손을 뿌리쳤던 Meg였는데, 언제 John이 '내가 좋아하는 사람'이 된 걸까요?

재산을 물려주지 않겠다고 하면 Meg가 말을 들을 줄 알았던 작은할머니는 다시 전력을 가다듬고 부드럽게 구슬려 봅니다. 하지만 "You ought to marry well and help your family. It's your duty to make a rich match.(결혼을 잘해서 네가 가족들에게 도움이 되어야지. 부자인 사람과 짝을 이루는 게 네 도리야.)"라는 말이 젊은 Meg에게 통할까요? 가족의 행복을 위해서 부자인 사람과 짝을 이루라니요. 그렇게 Meg와 작은할머니는 티격태격하면서 이견을 좁히지 못하다가, 작은할머니는 결국 "He knows you have got rich relations, child. That's the secret of his liking, I suspect.(그 사람은 너한테 부자 친척이 있다는 걸 아는 게야. 그래서 널 좋아하는 거 같은데.)"라는 강도 높은 말까지 해 버립니다. 한창 사랑의 순수한 가치를 좋아할 나이의 소녀에게 속물 중에서도 가장 높은 등급의 속물 같은 말을 했으니, 결과는 불을 보듯 뻔하지요?

1권의 마지막이 얼마 남지 않은 상황에서 John을 향한 연민의 마음이 생긴 Meg가 어떻게 이 상황을 정리할지, 또한 언니가 누군가를 사랑하고 곧 집을 떠나게 될지도 모른다는 불안감에 시달리던 Jo는 어느 쪽에 서서 어떤 반응을 보일지 더욱 궁금해집니다. 작가는 자신의 친언니 안나가 결혼한다고 했을 때 자신의 마음을 일기장에 남겨 놓았습니다. 그 부분을 들여다보면 작품 속 Jo의 반응을 훨씬 잘 이해할 수 있지요. 그 이야기는 마지막 장면에서 소개하도록 하겠습니다.

*Write a favorite sentence

Brooke에 대한 마음에 아직 확신이 없던 Meg이지만, March 작은할머니가 Brooke의 이름을 Rook이라고 부르면서 힘든 선택을 하지 말라고 말하자 Meg는 Brooke이 재주도 많고 착하고 현명한 사람이라고 옹호한다. 하지만 할머니는 한발 더 나아가서 Brooke이 Meg를 좋아하는 이유는 부자인 친척이 있는 걸 알기 때문이라고 하고, 그 말이 Meg의 마음에 결정적인 영향을 준다. Meg는 작은할머니의 속물적인 태도에 혀를 내두르며 'My John(나의 존)'이라는 단어까지 써서 그와 반드시 결혼하겠다고 한다. 하지만 Meg는 말을 하다 보니 자신이 아직 마음을 결정하지 못했다는 생각도 들고, 혹시 Brooke이 이 말을 엿듣고 있으면 어쩌나 잠시 걱정하기도 한다.

Meg의 태도를 보고 March 작은할머니는 화가 머리끝까지 난다. 조카의 예쁜 딸에게 좋은 짝을 찾아주겠노라 마음먹기도 했었고, 행복해하는 젊은 Meg의 얼굴에서 느껴지는 무언가가 할머니의 마음을 쓸쓸하게 만들기도 했기 때문이다.

작은할머니는 너무 화가 나서 이제부터 자신은 이 문제에서 손을 떼겠으며, 이 어리석은 결정으로 Meg가 많은 것을 잃게 될 거라고 한다. 그리고 Meg에게 너무 실망하는 바람에 March 씨를 만나고 싶은 생각도 사라졌노라 말하며, 결혼할 때 자신에게 그 어떤 것도 바라지 말라는 말을 남긴 채 문을 쾅 닫고 가 버린다.

혼자 남은 Meg는 웃어야 할지 울어야 할지 몰라서 잠시 멍하니 서 있다. 채 마음을 추스르기도 전에 서재에서 나온 Brooke 선생님이 Meg를 붙잡고 자신을 옹호해 줘서 고맙다는 말을 전한다. Meg는 작은할머니가 Brooke을 모욕하는 말을 듣고서야 자신의 마음을 확실히 알았다고 전하고, John과 Meg는 서로의 마음을 확인하게 된다.

작은할머니가 떠나고 2층에서 내려온 Jo는 응접실 문 앞에서 아무 소리가 들리지 않는다는 것을 확인하며 만족스러워한다. Jo는 Meg 언니가 계획대로 John을 잘 돌려보냈다고 확신하고, 들어가서 언니에게 재미있게 이야기를 들을 기대에 부풀었다. 하지만 Jo는 곧 응접실에서 벌어진 광경을 보고 놀라서 입을 다물지 못한다. 굳세게 적을 물리치고 의기양양하게 있을 줄 알았던 Meg 언니가 비굴한 표정으로 Brooke 선생님의 무릎에 앉아 있다. 그 모습을 보며 Jo는 갑자기 찬물을 뒤집어 쓴 듯한 기분을 느낀다. 감당하기 힘들어진 Jo는 방으로 뛰어가 가족들을 부른다.

Jo를 제외한 나머지 자매들의 반응은 긍정적이다. Laurie도 자신의 선생님은 뭔가를 이루겠다고 마음먹으면 해내고야 만다고 하며 축하를 전한다. Jo는 Laurie에게 언니를 보내는 게 너무나 힘든 일이라고 푸념하며 내내 침울하다.

마치 작은할머니가 문제를 해결하다 3

메그가 자신의 곁을 떠나게 될 것이라는 생각에 우울해졌던 조.
하지만 행복해 보이는 가족들을 바라보자
기분 좋은 미래가 올 것 같아 어느새 표정이 밝아집니다.

"절대로 예전처럼 될 수 없어. 난 가장 친한 친구를 잃었어." 조는 한숨을 쉬었다.

"그래도 내가 있잖아. 내가 메그 누나를 대신할 수 없다는 거 알아. 그렇지만 늘 네 옆에 있을게. 평생 말이야. 약속해!" 로리가 진심으로 말했다.

"너는 그럴 거라는 알아. 그래서 더욱 고마워. 넌 늘 나한테 큰 위로가 돼, 테디." 조는 고마운 마음을 담아 악수를 하며 대답했다.

"그러니까 이제 우울해하지 마. 좋은 친구가 있잖아. 다 잘된 일이야. 메그 누나는 행복하고 브룩 선생님은 바쁘게 일해서 빨리 자리를 잡을 거야. 할아버지가 살펴 주실 거고. 메그 누나가 아담한 집에서 자기 가정을 꾸린 모습을 보면 정말 기쁠 거야. 누나가 떠나고 나면 내가 곧 대학을 졸업할 테니까 멋진 시간을 보내게 될 거야. 그러고 나면 우리 같이 해외로 나가거나 근사한 여행을 떠나자. 그럼 위안이 되지 않을까?"

Aunt March Settles the Question #3

attend to ~를 돌보다 jolly 행복한 capital 중요한 console 위안을 주다
relive (과거의 경험을) 회상하다 cheerily 쾌활하게 lounge 느긋하게 앉아 있다
grave 진지한, 엄숙한 reception (세상의) 평판, 반응

"It can never be the same again. I've lost my dearest friend," sighed Jo.

"You've got me, anyhow. I'm not good for much, I know, but I'll stand by you, Jo, all the days of my life. Upon my word I will!" and Laurie meant what he said.

"I know you will, and I'm ever so much obliged. You are always a great comfort to me, Teddy," returned Jo, gratefully shaking hands.

"Well, now, don't be dismal, there's a good fellow. It's all right you see. Meg is happy, Brooke will fly round and get settled immediately, Grandpa will attend to him, and it will be very jolly to see Meg in her own little house. We'll have capital times after she is gone, for I shall be through college before long, and then we'll go abroad on some nice trip or other. Wouldn't that console you?"

"그럴 것 같긴 해. 하지만 3년 후에 무슨 일이 생길지 모르잖아."
조는 생각에 잠겨 대답했다.

"그건 그렇지. 미래를 내다볼 수 있어서 그때 우리 모두 어디에
있을지 알 수 있으면 좋겠다고 바라지 않아? 나는 그래." 로리가
말했다.

"무언가 슬픈 일이 일어날지도 모르니까 나는 바라지 않는데.
지금 다들 정말 행복해 보여서 이보다 더 행복해질 수 있을까 싶어."
방안을 찬찬히 둘러보는 조의 두 눈이 기분 좋은 미래에 대한
기대감으로 반짝였다.

아빠와 엄마는 나란히 앉아 가만히 20여 년 전 자신들이 연애를
시작했을 때를 떠올리고 있었다. 에이미는 두 연인을 그리고
있었는데, 그들은 마치 그들만의 아름다운 세상에 있는 듯했다.
두 사람을 아름답게 비추는 빛은 꼬마 화가가 담을 수 있는
것이 아니었다. 베스는 소파에 누워서 오랜 친구인 로런스 씨와
쾌활하게 이야기를 나눴다. 로런스 씨는 베스의 작은 손을 꼭 잡고
있었는데, 마치 그 손이 로런스 씨를 베스가 걷고 있는 평화의 길로
이끄는 힘을 지녔다고 느끼는 듯했다.

조는 자신이 즐겨 앉는 낮은 의자에 느긋하게 앉아서 진지하고
평온한 표정을 하고 있었는데, 이제는 그 표정이 잘 어울렸다.
로리는 조가 앉은 의자 뒤에 기대서 몸을 숙이고 조의 곱슬한
머리와 나란히 턱을 괴었다. 그러더니 다정하기 짝이 없는

"I rather think it would, but there's no knowing what may happen in three years," said Jo thoughtfully.

"That's true. Don't you wish you could take a look forward and see where we shall all be then? I do," returned Laurie.

"I think not, for I might see something sad, and everyone looks so happy now, I don't believe they could be much improved." And Jo's eyes went slowly round the room, brightening as they looked, for the prospect was a pleasant one.

Father and Mother sat together, quietly reliving the first chapter of the romance which for them began some twenty years ago. Amy was drawing the lovers, who sat apart in a beautiful world of their own, the light of which touched their faces with a grace the little artist could not copy. Beth lay on her sofa, talking cheerily with her old friend, who held her little hand as if he felt that it possessed the power to lead him along the peaceful way she walked.

Jo lounged in her favorite low seat, with the grave quiet look which best became her, and Laurie, leaning on the back of her chair, his chin on a level with her curly head, smiled with his friendliest aspect, and nodded at her in the long

표정으로 미소를 지으며 두 사람이 함께 비친 긴 유리창 속 조를 향해 고개를 끄덕였다.

　이렇게 메그, 조, 베스, 에이미의 이야기는 막을 내린다. 막이 다시 올라갈지는 이 가족 드라마 《작은 아씨들》 1막에 보이는 반응을 보고 결정하겠다.

glass which reflected them both.

So the curtain falls upon Meg, Jo, Beth, and Amy. Whether it ever rises again, depends upon the reception given the first act of the domestic drama called Little Women.

💬 결국, March 작은할머니는 Meg와 John을 이어 주는 오작교가 되었습니다. 이 기쁜 소식에 혼자 침울해하는 사람이 있었는데, 바로 Jo이지요. 이 장에는 Jo가 언니의 결혼을 아쉬워하는 말이 여러 번 등장합니다. 오늘 장면에서도 역시 그런 말이 나오는데요, 바로 "It can never be the same again. I've lost my dearest friend.(절대로 예전처럼 될 수 없어. 난 가장 친한 친구를 잃었어.)"라는 말이죠. Jo는 왜 그렇게 언니의 결혼이 달갑지 않았을까요?

작가 루이자의 친언니 안나는 1858년 4월 초에 약혼했습니다. 그 시기는 작품 속 Beth의 모델이 된 루이자의 동생 Lizzie(리지)가 죽은 지 한 달도 채 되지 않았던 때였다고 합니다. 동생의 안타까운 죽음으로 마음이 어지럽던 루이자는 일기에 '(A)nother sister is gone...I moaned in private over my great loss, and said I'd never forgive J. for taking Anna from me.(또 다른 자매가 떠난다… 크나큰 상실에 혼자 슬픔을 삭였다. 그리고 안나 언니를 빼앗아 간 J.(John Bridge Pratt)를 절대 용서하지 않겠노라 되뇌었다.)'라고 적었습니다. 작품 속 Beth처럼 천사 같았던 동생을 잃고, 좋은 일이기는 했지만 얼마 지나지 않아 언니마저 보내야 했던 루이자의 황량한 마음이 오롯이 느껴집니다.

실제 이 두 가지 사건을 겪으면서 깊은 절망감에 빠져 버린 루이자가 스스로 목숨을 끊으려 했다고도 합니다. 다행히도 루이자는 'these experiences have taken a deep hold, and changed or developed me(이런 경험들은 나에게 깊이 흔적을 남기고, 나를 변화시키고, 성장시켰다)'라고 하며 절망의 터널에서 용감하게 빠져나옵니다. 작가는 견디기 힘들었던 그때의 상실감을 《작은 아씨들》 작품 속에서 Jo를 통해서 보여 줍니다. Beth와 아빠 March 씨가 건강을 회복해서 가족 모두 행복해하는 분위기라는 게 작가의 현실과 다른 설정이지요. 현실 속 루이자는 절망의 극한까지 갔었지만, Jo는 'Jo's eyes went slowly round the room, brightening as they looked, for the prospect was a pleasant one.(방 안을 찬찬히 둘러보는 조의 두 눈이 기분 좋은 미래에 대한 기대감으로 반짝였다.)' 이렇게 자신의 침울함을 떨쳐 버리고 가족이 함께하는 행복의 물결에 서둘러 올라탑니다.

작가는 마지막을 'So the curtain falls upon Meg, Jo, Beth, and Amy. Whether it ever rises again, depends upon the reception given the first act of the domestic drama called Little Women.(이렇게 메그, 조, 베스, 에이미의 이야기는 막을 내린다. 막이 다시 올라갈지는 이 가족 드라마 《작은 아씨들》 1막에 보이는 반응을 보고 결정하겠다.)'이라는 말로 끝냅니다. 실제로 루이자는 1권이 크게 인기를 끌 것이라 예상하지는 않았다고 합니다. 하지만 반응은 뜨거웠고, 교정쇄를 내면서 이렇게 썼다고 하지요.

'It reads better than I expected. Not a bit sensational, but simple and true, for we really lived most of it, and if it succeeds that will be the reason of it.(예상보다 더 잘 읽힌다. 선풍적이라 할

만한 이야기는 아니지만, 담백하고 진솔하다. 이야기 대부분을 실제로 살아내서 그럴 터이다. 이 이야기가 성공한다면 '실제로 살아낸 이야기'라서 그럴 거다.)'

《작은 아씨들》이라는 작품 속에 담긴 네 자매의 기쁨, 슬픔, 절망, 그리고 그 가운데서도 잃지 않았던 희망과 가족의 사랑은 작가가 그린 이상에 불과한 게 아니라, 150년 전에 한 가족이 실제로 살아냈던 삶이었습니다. 그들의 삶은 여기서 끝이 아니었기에 "I'll stand by you, Jo, all the days of my life. Upon my word I will!(늘 네 옆에 있을게. 평생 말이야. 약속해!)"이라고 든든하게 Jo를 위로한 Laurie가 그 약속을 지킬지, March 작은할머니가 물려주겠다던 재산을 포기하고 John과 결혼하겠다고 한 Meg는 행복하게 잘 살지 더욱 궁금해지지요. 독자들의 'reception(반응)'에 달려 있다던 뒷이야기가 탄생할 수밖에 없었겠지요?

2권에서 펼쳐지는 이들의 삶 역시 1권만큼이나 웃음과 눈물이 버무려져 있기를 기대하며 책장을 덮습니다.

*Write a favorite sentence

원작 *Louisa May Alcott*

19세기 미국의 소설가로, 그녀의 대표작 "Little Women"은 미국 문학의 걸작 중 하나로 꼽힙니다. 올콧의 작품은 사회적 가치와 도덕적 교훈을 담고 있으며, 특히 여성의 역할과 가치에 대한 새로운 시각을 제시했습니다. 그녀의 문체는 생동감 있고 감정적이며, 캐릭터들의 심리를 섬세하게 묘사해 독자들에게 깊은 감동을 주었습니다. 올콧의 작품은 영어권에서 높은 평가를 받으며, 그녀의 문학적 유산은 오늘날까지도 영향력을 미치고 있습니다. 그녀의 작품은 어린이부터 성인까지 다양한 독자층에게 읽히며, 영어권 문학의 중요한 부분을 이루고 있습니다.

영어 원서 강독가. 수필가.

학교에서 문학 교과서를 받아 오는 날이면 틀어박혀 처음부터 끝까지 읽어야 직성이 풀릴 정도로 문학을 사랑했다. 영어를 알고 나서부터는 문학과 영어 중에 어떤 과목이 더 좋은지 고르는 게 세상에서 가장 힘든 일이었고, 대학에서 두 과목을 합친 영어영문학과를 전공으로 선택하는 건 가장 쉬운 결정이었다.

졸업 후, 성인 영어 회화 강의로 시작해 현대모비스, SK케미칼, 삼성반도체 등에서 비즈니스 영어와 영어 회화 집중 코스 등을 맡았다. 현장 경험이 늘어날수록 영어의 기본기는 '읽기'라는 확신을 더욱 가지게 되었다. 그러던 중 코로나로 대면 강의가 힘들어졌고, 이를 계기로 늘 목말라 있던 읽기 수업을 구상할 수 있게 되었다.

영어의 기본기인 읽기를 쉽고 재미있게 소개할 방법은 없을까 고민하던 중, 수업에서 만났던 학생들이 해리포터를 영어 원서로 읽어 보고 싶어서 펼쳤다가 생각보다 어려워서 포기했다고 말했던 것이 떠올랐다. 영어 원서를 혼자 읽는 건 부담스럽지만 도와주는 사람이 있다면 누구나 영문학 작품을 재미있게 읽을 수 있겠다고 생각하고 해리포터 1권의 모든 영어 문장을 함께 읽으며 해설하는 무료 강의를 유튜브에서 시작했다. 기대보다 더 열렬했던 반응에 힘을 얻어 해리포터뿐만 아니라 다른 좋은 영문학 작품들도 소개해야겠다고 마음을 먹고 Literature(문학)과 영어 이름 Stella를 합쳐 영문학 원서 강독 사이트 LiterStella(리터스텔라)를 열었다.

오랜 현장 경험을 통해 어떤 외국어를 배우든 결국엔 개인이 가진 모국어 실력만큼만 이해할 수 있다고 깨닫고 수필가로 등단하여 한국어도 열심히 갈고 닦고 있다. 앞으로는 더 다양한 영문학 작품들은 물론, 영어로 번역된 좋은 한국 문학들도 소개하여 LiterStellar가 다루는 문학 작품과 언어의 폭을 넓혀 갈 예정이다.

⚝ ⚜ ⚝

영어를 읽는 30일 – 작은 아씨들
Read Classics for 30 Days – Little Women

초판 발행 · 2024년 5월 10일

해설 · 이지영(리터스텔라)
원작 · Louisa May Alcott

발행인 · 이종원
발행처 · (주)도서출판 길벗
브랜드 · 길벗이지톡
출판사 등록일 · 1990년 12월 24일
주소 · 서울시 마포구 월드컵로 10길 56 (서교동)
대표 전화 · 02) 332-0931 | 팩스 · 02) 323-0586
홈페이지 · www.gilbut.co.kr | 이메일 · eztok@gilbut.co.kr

기획 및 책임 편집 · 김지영(jiy7409@gilbut.co.kr), 김대훈
디자인 · 최주연 | 제작 · 이준호, 손일순, 이진혁
마케팅 · 이수미, 장봉석, 최소영
유통혁신 · 한준희 | 영업관리 · 김명자, 심선숙
독자지원 · 윤정아 | 편집진행 및 교정 · 안현진
전산편집 · 기본기획 | 일러스트 · 장선영
CTP 출력 및 인쇄 · 영림인쇄 | 제본 · 영림인쇄

ISBN 979-11-407-0894-9(03740) (길벗 도서번호 301170)
정가 19,800원

ⓒ 이지영(리터스텔라), 2024